원서발췌
악장가사

고전 명작을 읽는 가장 쉬운 길, '지식을만드는지식 원서발췌'

축약, 해설, 리라이팅이 아닙니다. 원전의 핵심 내용을 문장 그대로 가져옵니다. 작품의 오리지낼리티를 가감 없이 느낄 수 있습니다.
두껍고 읽기 어려워 책장을 덮어 버리곤 했던 고전을 발췌합니다. 해당 작품을 연구한 전문가가 작품의 정수를 가려 뽑아냅니다. 핵심만 읽기 때문에 더 빠르게 더 많은 고전을 읽을 수 있습니다. 제외된 부분은 중간중간 친절하게 요약 설명합니다. 풍부한 해설과 주석으로 전체 내용을 파악하는 데 무리가 없습니다. 정확한 번역, 적절한 윤문으로 10대에서 80대까지 누구나 쉽게 읽을 수 있습니다. 콤팩트한 사이즈와 분량이므로 간편하게 휴대할 수 있습니다. 수천 쪽의 고전을 발췌된 내용으로 읽고도 전체 의미를 파악할 수 있는 것이 지식을만드는지식 원서발췌의 매직입니다. 발췌율은 표지에 표시하고 발췌 방법은 일러두기에 상세히 밝힙니다.
고전 독자를 발췌 읽기에서 완역 읽기로, 더 나아가 원전 읽기로 안내합니다. 바쁜 현대인들에게 새로운 고전읽기 방법을 제시합니다.

원서발췌
악장가사

樂章歌詞

지은이 미상
김명준 옮김

대한민국, 서울, 지만지한국문학, 2025

편집자 일러두기

- 이 책은 일본 교토대학(京都大學) 부속도서관 소장 호사문고본(蓬左文庫本) 《악장가사》를 저본으로 삼았습니다.
- 《악장가사》는 〈속악가사〉 28편, 〈아악가사〉 33편 그리고 〈가사〉 24편으로 총 85편의 노래가 수록되어 있는데, 이 책에서는 〈속악가사〉 중 종묘영녕전 악장 28편, 〈아악가사〉 중 문선왕묘 악장 8편 그리고 〈가사〉 중 19편을 선별해 총 55편을 번역했습니다.
- 원전의 차례는 속악가사－가사－아악가사 순으로 되어 있으나, 이 책에서는 노래의 기능에 따라 속악가사－아악가사－가사 순으로 배열했습니다.
- 《악장가사》에 대한 기존 번역은 이미 옮긴이에 의해 이루어졌으나, 학술적 성격이 강하고 매끄럽지 못한 곳이 적지 않아 다시 출간하게 되었습니다. 옮긴이는 자신의 번역 이외의 번역들도 일부 수용했습니다.
- 이 책의 주석은 모두 옮긴이가 독자의 이해를 돕기 위해 단 것입니다.
- [ ] 안의 내용은 원문에는 없지만 전후 문맥의 흐름을 매끄럽게 하거나 이해를 돕기 위해 옮긴이가 덧붙인 것입니다. 또한 괄호 안의 말과 바깥 말의 독음이 다를 때, 괄호가 중복될 때에도 [ ]를 사용했습니다.

- 외래어 표기는 현행 한글어문규정의 외래어표기법을 따랐습니다.
- 이 책은 2011년 9월 26일 천줄읽기' 시리즈로 처음 출간했습니다. 이번에 '원서발췌' 시리즈로 옮겨 출간합니다.

차례

속악가사(俗樂歌詞)

종묘영녕전(宗廟寧殿) 종묘(宗廟) 악장(樂章) • 3

1. 영신(迎神) • 6

2. 전폐(奠幣) • 7

3. 진찬(進饌) • 8

4. 초헌(初獻)－보태평(保太平) 11성(聲) • 9

희문(熙文) 인입(引入) • 9

기명(基命) • 10

귀인(歸仁) • 11

형가(亨嘉) • 13

집녕(輯寧) • 14

융화(隆化) • 16

현미(顯美) • 18

용광(龍光) • 19

정명(貞明) • 20

대유(大猷) • 21

역성(繹成) 인출(引出) • 22

5. 아헌(亞獻)－정대업(定大業) 11성(聲) • 24
소무(昭武) 인입(引入) • 24
독경(篤慶) • 25
탁정(濯征) • 26
선위(宣威) • 27
신정(神定) • 29
분웅(奮雄) • 31
순응(順應) • 33
총수(寵綏) • 34
정세(靖世) • 36
혁정(赫整) • 37
중광(重光) • 39
영관(永觀) 인출(引出) • 41
6. 철변두(撤籩豆) • 42
7. 송신(送神) • 43

아악가사(雅樂歌詞)
문선왕(文宣王) 문묘(文廟) 악장(樂章) • 47
1. 전폐(奠幣) • 49
2. 초헌(初獻) 정위(正位) • 50
연국공(兗國公) • 51

성국공(郕國公) • 53
기국공(沂國公) • 54
추국공(鄒國公) • 55
3. 철변두(撤籩豆) • 56

가사(歌詞)

1. 감군은(感君恩) • 62
2. 정석가(鄭石歌) • 65
3. 청산별곡(靑山別曲) • 69
4. 서경별곡(西京別曲) • 73
5. 사모곡(思母曲) • 78
6. 능엄찬(楞嚴讚) • 79
7. 영산회상(靈山會相) • 81
8. 쌍화점(雙花店) • 82
9. 이상곡(履霜曲) • 86
10. 가시리 • 88
11. 유림가(儒林歌) • 90
12. 신도가(新都歌) • 96
13. 한림별곡(翰林別曲) • 97
14. 만전춘(滿殿春) 별사(別詞) • 103
15. 화산별곡(華山別曲) • 106

16. 오륜가(五倫歌) • 113
17. 연형제곡(宴兄弟曲) • 119
18. 상대별곡(霜臺別曲) • 124

해설 • 129
옮긴이에 대해 • 133

속악가사

俗樂歌詞

종묘영녕전(宗廟永寧殿) 종묘(宗廟) 악장(樂章)

해설

종묘는 조선 시대 왕과 왕비의 신위를 봉안하고 제를 올리는 곳이다. 신위는 정전(正殿)과 영녕전(永寧殿)에 나뉘어 봉안되었는데 그 이유는 종묘에 봉안할 수 있는 신위가 천자는 7묘, 제후는 5묘에 한정되었기 때문으로, 정전에 봉안하지 못한 나머지 위패를 영녕전에 두었다. 그러나 위대한 군주라 인정되면 계속 종묘에 봉안할 수가 있어 현재 종묘 정전에는 19위의 왕의 신위와 30위의 왕후 신위를 모시고 있다.

이곳에서 올리는 제례는 길례(吉禮) 중 대사(大祀)에 해당되기 때문에 종묘대제(宗廟大祭)라고도 한다. 종묘제례는 본래 춘하추동의 첫 달과 납월(臘月)인 12월에 날을 잡아 모두 다섯 차례 지내고 영녕전의 제례는 춘추 두 차례 지냈으나 지금은 5월 첫 번째 일요일에 지낸다.

제례 절차는 신을 맞이하는 영신(迎神)과 전폐(奠幣), 신을 즐겁게 하는 진찬(進饌) 초헌(初獻) 아헌(亞獻) 종헌(終獻), 신을 보내는 철변두(撤籩豆), 송신(送神) 등이다.

이러한 절차에 따라 음악이 연주되고 노래가 불리는데

이것이 종묘제례악장이다. 원래 종묘제례악은 세종 때 연향에 사용할 춤곡이었다. 세종 29년(1447) 6월 4일에 〈용비어천가(龍飛御天歌)〉를 관현에 올리기 위해 여민락(與民樂), 치화평(致和平), 취풍형(醉豊亨) 등의 곡을 제정하면서 두 춤곡을 제작하게 되는데 그것은 문무곡(文舞曲) 보태평(保太平)과 무무곡(武舞曲) 정대업(定大業)이다. 이것을 세조가 약간 수정 보완해 10년(1464) 1월 14일에 종묘제에 올리면서 지금까지 이이지게 되었다.

세종 때 지은 보태평 악장은 11편으로 〈희문(熙文)〉, 〈계우(啓宇)〉, 〈의인(依仁)〉, 〈형광(亨光)〉, 〈보예(保乂)〉, 〈융화(隆化)〉, 〈승강(承康)〉, 〈창휘(昌徽)〉, 〈정명(貞明)〉, 〈대동(大同)〉, 〈역성(繹成)〉이다. 그리고 정대업은 15편으로 〈소무(昭武)〉, 〈독경(篤慶)〉, 〈선위(宣威)〉, 〈탁령(濯靈)〉, 〈혁정(赫整)〉, 〈신정(神政)〉, 〈개안(凱安)〉, 〈지덕(至德)〉, 〈휴명(休命)〉, 〈순응(順應)〉, 〈정세(靖世)〉, 〈화태(和泰)〉, 〈진요(震耀)〉, 〈숙제(肅制)〉, 〈영관(永觀)〉이다. 이를 세조 때 감축 개작한 것이 보태평 11편인 〈희문〉, 〈기명(基命)〉, 〈귀인(歸仁)〉, 〈형가(亨嘉)〉, 〈집녕(輯寧)〉, 〈융화〉, 〈현미(顯美)〉, 〈용광(龍光)〉, 〈정명〉, 〈대유(大猷)〉, 〈역성〉과 정대업 11편인 〈소무〉, 〈독경〉, 〈탁정(濯征)〉, 〈신정〉, 〈정세〉, 〈선위〉, 〈분웅(奮雄)〉, 〈순응〉, 〈총

수(寵綏)〉, 〈혁정〉, 〈영관(永觀)〉이다. 이후 인조 3년(1625) 9월 29일에 예조에서 세조 이하 6실의 악장이 없어 악장 사용이 문란하기 때문에 새로 악장을 제작토록 건의했다. 결국 이듬해(1626) 많은 논란 끝에 선조의 경우 광국중흥(光國中興)의 공이 있으니 별도의 악장을 지은 것이 〈중광(重光)〉이다.

종묘제례악과 악장은 중세 보편주의의 의례를 따르면서도 조선의 개별성이 드러난 예술물이라 할 수 있다. 당시 중화문화권 국가들의 제례가 중국의 음악인 아악에 1행 4자로 이루어진 것에 비해 종묘악과 악장은 우리의 음악인 속악(향악)에 행과 글자 수를 자유롭게 제작함으로써 그 독자성을 확보했다고 할 수 있다. 그리고 본래 연향무곡(舞曲)을 제례악곡으로 전용했다는 점에서 제례악과 연향악의 유연성을 엿볼 수 있다.

1. 영신(迎神)[1]

조상들의 덕이 우리 후손(後孫)을 계도하시니,
아! 모습과 베푸심을 생각하매 빛이 납니다.
엄숙하고 정결하게 제사를 받드오니,
우리를 편안케 하시고 소원을 이루게 하소서.

世德啓我後
於昭想形聲[2]
肅肅薦明禋
綏我賚思成

1) 영신(迎神) : 신령을 영접함.

2) 형성(形聲) : 형(形)은 모습 · 모양[體容]이며, 성(聲)은 베풀다[宣]의 의미.

2. 전폐(奠幣)[3)]

조촐한 의식이오나 서로 마음이 통하기를 바라오며,
광주리를 받들어 폐백을 올립니다.
선조(先祖)께서 돌보시고 흠향(歆饗)하시면,
공경히 예를 받드는 마음을 편히 하겠나이다.

非儀[4)]尙可交
承筐將是帛
先祖其顧歆
式禮心莫莫

3) 전폐(奠幣) : 신령에게 예물을 올림.

4) 비의(非儀) : 변변치 않은 물건 또는 그것으로 행하는 의식.

3. 진찬(進饌)[5]

제물을 정성껏 장만해,
제기에 올렸나이다.
제기에 이미 올렸으니,
아악도 화락하게 연주하도다.
향기로운 제사에,
아아 신께서 도우시도다.

執爨踖踖[6]
登我俎豆
俎豆既登
樂且和奏
苾芬[7]孝祀
維神其右

---

5) 진찬(進饌) : 신령에게 제물을 올림.

6) 척척(踖踖) : 조심스럽게 걷는 모양.

7) 필분(苾芬) : 향기로움.

4. 초헌(初獻)[8] – 보태평(保太平)[9] 11성(聲)

희문(熙文)[10] 인입(引入)

여러 성군들께서 빛나는 국운을 여시니,
찬란한 문치가 대를 이어 창성하도다.
언제나 우리는 성대한 아름다움을 칭송하려,
노래에 올려 베풀어 부르나이다.

列聖開熙運
炳蔚文治昌
願言頌盛美
維以矢歌章

---

8) 초헌(初獻) : 신령에게 제사 지낼 때 첫 번째 잔을 올림.

9) 보태평(保太平) : 종묘제에서 초헌에 연주하는 음악과 춤으로 세종 29년(1447)에 11곡으로 창작되었다가 세조 9년(1463)에 종묘제례악으로 수정 개작했다. 문덕(文德)을 찬미한 내용이며 등가악(登歌樂)과 문무(文舞)로 설행된다.

10) 희문(熙文) : 노래 가사 가운데 희운(熙運 : 빛나는 국운)과 문치(文治)의 첫 글자를 합한 것.

기명(基命)[11]

아! 위대하신 목조(穆祖)[12]께서,
바다 건너 경흥(慶興)으로 옮기셨도다.
좇는 사람들 날로 많아,
우리의 영원한 천명에 터를 닦으셨도다.

於皇聖穆
浮海徒慶
歸附日衆
基我永命

11) 기명(基命) : 노래 가사 가운데 '기아영명(基我永命)'에서 두 글자를 따온 것.

12) 목조(穆祖) : 이성계의 4대 조부인 이안사(李安社).

귀인(歸仁)[13]

위대한 상제(上帝)께서,
백성의 안정을 바라셨도다.
나라 안을 돌보시고,
밝은 덕을 내리셨도다.
어진 이[14]를 잃을까 봐,
백성들은 함께 따랐도다.
그 좇음이 저자와 같으나,
우리가 사사로이 함이 아니로다.
사사로움이 아니라,
어진 이를 따라감이로다.
어진 이를 따라감이여,
큰 터전을 넓게 여셨도다.

皇矣上帝
求民之莫
乃眷奧區[15]

---

13) 귀인(歸仁) : 노래 가사 가운데 '유인지귀(維仁之歸)'에서 두 글자를 따온 것.

14) 어진 이 : 익조(翼祖). 이성계의 증조부 이행리(李行里).

乃遷明德

仁不可失

于胥景從16)

其從如市

匪我之私

匪我之私

維仁之歸

維仁之歸

誕啓鴻基

---

15) 오구(奧區) : 나라의 중앙.

16) 경종(景從) : 함께 따라다님.

형가(亨嘉)[17]

아! 위대하신 익조(翼祖)께서,
공경히 고려의 임금을 섬기셨도다.
거룩하신 도조(度祖)[18]께서도 그 뜻을 이어받아,
고려 왕의 신임을 독실히 받았도다.
크게 통달해 아름다우니,
크나큰 천명을 따르셨도다.

於皇聖翼
祗服厥辟[19]
聖度繼志
眷倚[20]斯篤
大亨以嘉
景命維僕

---

17) 형가(亨嘉) : 노래 가사 가운데 '대형이가(大亨以嘉)'에서 두 글자를 따온 것.

18) 도조(度祖) : 이성계의 조부인 이춘(李椿).

19) 벽(辟) : 천자 · 제후를 가리키는 말.

20) 권의(眷倚) : 왕의 신임.

집녕(輯寧)[21]

쌍성이 멀리 있어,

천연의 요새(要塞)로다.

관리가 직무에 충실하지 못해,

백성들이 안도할 수 없었도다.

환조(桓祖)[22]께서 편안케 하시니,

유랑하던 백성들 마침내 돌아왔도다.

임금의 은총을 받으시어,

크게 그 복을 세웠도다.

雙城[23]遭漫

曰惟天府

吏之不職

民未安堵

聖桓輯寧

流離卒復

寵命[24]是荷

---

21) 집녕(輯寧) : 노래 가사 가운데 '성환집녕(聖桓輯寧)'에서 두 글자를 따온 것.

22) 환조(桓祖) : 이성계의 부친인 이자춘(李子春).

23) 쌍성(雙城) : 중국 헤이룽장성(黑龍江省) 하얼빈의 시(市).

封建厥福

24) 총명(寵命) : 임금의 은총.

융화(隆化)[25]

아! 위대한 태조(太祖)[26]께서,
그 덕이 크시도다.
인으로 편하게 하시고 의로서 복종시켰으니,
신성한 덕화는 융성하고 흡족했도다.
저 먼 섬 오랑캐로부터,
산 오랑캐까지,
양순하게 회유되니,
따르지 않음이 없도다.
물 건너 산 넘어,
우리를 성심껏 대하심이 끝없도다.
아! 빛나는 영령함이여,
가까운 곳을 편하게 하시고 먼 곳을 엄숙케 하셨도다.

於皇聖祖
遹駿厥德
仁綏義服
神化隆洽

---

25) 노래 가사 가운데 '신화융흡(神化隆洽)'에서 두 글자를 따온 것.

26) 태조(太祖) : 이성계.

憬彼島夷
及其山戎
孔淑以懷
莫不率從
航之梯之
款我繹繹[27]
於赫厥靈
邇妥遠肅

27) 역역(繹繹) : 끝없이.

현미(顯美)[28]

아! 위대하신 태종(太宗)[29]께서,

국난(國難)을 평정하고 종묘를 보전하셨도다.

그 덕이 노래로 불리고 명망이 높았으나,

굳이 양위해 미덕이 드러났도다.

於皇我聖考

戡難保宗祏[30]

謳歌輿望隆

敦讓[31]顯美德

---

28) 현미(顯美) : 노래 가사 가운데 '돈양현미덕(敦讓顯美德)'에서 두 글자를 따온 것.

29) 태종(太宗) : 이방원(李芳遠, 1367~1422), 태조의 5남.

30) 종석(宗祏) : 종묘(宗廟).

31) 돈양(敦讓) : 양위함. 1418년(태종 18) 8월에 태종이 세종에게 양위한 것을 가리킴.

용광(龍光)[32]

중국 천자가 노하시니,
나라 사람들이 근심했도다.[33]
태종(太宗)께서 들어가 아뢰니,
충성의 마음을 뚜렷이 드러냈도다.
천자의 어여쁨을 받으시니,
빛나도다 천자로부터 받은 영광이여.

天子[34]方懠
邦人憂惶
聖考入奏
忠誠以彰
媚于天子
赫哉龍光

---

32) 용광(龍光) : 노래 가사 가운데 '혁재용광(赫哉龍光)'에서 두 글자를 따온 것.

33) 고려 말 명 정벌 전쟁에 명 태조가 분노했으므로 1388년(우왕 14)에 이방원을 보내어 과거 북벌의 책임이 이성계에 있지 않음을 설명하고 이후 친명사대(親明事大)의 예를 행하겠다고 했음.

34) 천자(天子) : 명 태조인 홍무제(洪武帝).

정명(貞明)[35]

거룩하신 태종비(太宗妃)[36]께서,

군주의 배필이 되셨도다.

난리를 평정할 때,[37]

모의(謀議)에 내조(內助)하심에 진실로 훌륭하셨도다.

아! 바르고 맑음이여,

도움을 베푸는 데 끝이 없도다.

思齊聖母

克配乾剛[38]

戡定厥亂

贊謀允臧

猗歟貞明

啓佑無彊[39]

---

35) 정명(貞明) : 노래 가사 가운데 '의여정명(猗歟貞明)'의 두 글자를 따온 것.

36) 태종비(太宗妃) : 원경왕후(元敬王后, 1365~1420).

37) 정도전(鄭道傳)의 난(1398년, 태조 7)을 평정한 것.

38) 건강(乾剛) : 건강(乾綱), 즉 군주.

39) 강(彊) : '강(疆)'의 오기.

대유(大猷)[40]

여러 성군께서 잇달아 밝은 덕을 펴시고,
문덕을 베풀어 사방을 편하게 하셨도다.
예악 제도가 이미 갖추어졌으니,
크신 왕도(王道)여! 어이 그토록 찬란합니까.

列聖宣重光[41]
敷文綏四方
制作旣明備
大猷何煌煌

---

40) 대유(大猷) : 노래 가사 가운데 '대유하황황(大猷何煌煌)'에서 두 글자를 따온 것.

41) 중광(重光) : 명덕(明德). 밝은 덕.

역성(繹成)[42] 인출(引出)

조상의 쌓으신 덕을 끝맺으려 하오며,

나라를 안정시킨 공을 따르려 합니다.

빛은 태평함을 환히 드러내고,

예악은 융성했도다.

왼손에 약(籥)을 들고 오른손에 적(翟)을 쥐고 춤을 출 때,[43]

음악은 아홉 번 바뀌었도다.

이로써 선왕의 공덕을 나타내니,

아름다움과 선함을 다했습니다.

世德作求

率維敉功[44]

光闡太平

禮樂方隆

左籥右翟

---

42) 역성(繹成) : 끝 제사를 올림.

43) 약(籥)은 구멍이 여섯 난 피리, 적(翟)은 꿩의 꼬리털을 묶은 목병(木柄)으로 모두 무구(舞具)의 한 종류.

44) 미공(敉功) : 천하를 편안하게 하는 공.

曰旣九變
式昭光烈
盡美盡善

5. 아헌(亞獻)[45] – 정대업(定大業)[46] 11성(聲)

소무(昭武)[47] 인입(引入)

하늘이 우리 인군들을 돌보시어,
대를 이어 무공(武功)을 빛나게 하셨도다.
더할 나위 없는 업적을 올리셨기에,
노래를 부르며 춤을 춥니다.

天眷我列聖
繼世昭聖武
庶揚無競烈
是用歌且舞

---

45) 아헌(亞獻) : 신령에게 제사 지낼 때 두 번째 잔을 올림. 종묘제에서는 아헌과 종헌(終獻) 모두 정대업을 사용함.

46) 정대업(定大業) : 종묘제에서 아헌과 종헌에 연주하는 음악과 춤으로 세종 29년(1447)에 15곡으로 창작되었다가 세조 9년(1463)에 11곡으로 수정 개작했다. 무덕(武德)을 찬미한 내용이며 헌가악(軒架樂)과 무무(武舞)로 설행된다.

47) 소무(昭武) : 노래 가사 가운데 '계세소성무(繼世昭聖武)'에서 두 글자를 따온 것.

독경(篤慶)[48]

아! 위대하신 목조께서,

친히 북방으로 기를 세워 출정(出征)하셨도다.

이에 선정(善政)에 힘쓰니,

우리 왕업의 기초를 닦았도다.[49]

於皇聖穆

建牙[50]于朔

遹篤其慶

肇我王迹

48) 독경(篤慶) : 노래 가사 가운데 '휼독기경(遹篤其慶)'에서 두 글자를 따온 것.

49) 1253년(고려 고종 40)에 목조가 선주(宣州) 병마(兵馬)로 있을 때, 원(元)나라 군대를 제압한 것을 말함.

50) 건아(建牙) : 전장에 군기를 세워 출정하는 것.

탁정(濯征)[51]

완강(頑强)한 오랑캐가,
쌍성을 점령하니,
우리 환조께서,
말끔히 정벌했도다.
오랑캐 소굴을 없애고,
우리 강토를 개척하셨도다.[52]

頑之豪
據雙城
我聖桓
于濯征
狙獷[53]亡
拓我疆

---

51) 탁정(濯征) : 노래 가사 가운데 '우탁정(于濯征)'에서 두 글자를 따온 것.

52) 1356년(고려 공민왕 5)에 오랑캐가 쌍성을 공략했는데, 이때 환조가 이들을 물리친 것을 말함.

53) 저광(狙獷) : '저광(猪獷)'의 오기. 저광(猪獷)은 원숭이 소굴, 호족의 진지를 말함.

선위(宣威)[54]

아, 고려가 통치권을 상실해,

외적의 모멸이 심했도다.

왜적이 함부로 날뛰고,

나하추[55]는 방자하게 굴며,

홍건적은 거들먹거리며 기세를 부리고,

원의 잔당은 우리를 핍박하며,[56]

요망한 중[57]은 함부로 발호(跋扈)하고,

여진족의 괴수는 어지럽게 날뛰었도다.

아! 위대하신 태조께서,

신통한 무공을 크게 떨치셨도다.

이에 하늘의 위엄을 떨치시니,

빛나고 당당하도다.

---

54) 선위(宣威) : 노래 가사 가운데 '재선천위(載宣天威)'에서 두 글자를 따온 것.

55) 나하추(納哈出, ?~1388) : 원과 명나라의 무장.

56) 1364년(고려 공민왕 13)부터 6년간 망한 원나라 세력들이 압록강을 건너 자주 침략한 사실.

57) 요망한 중 : 신돈(辛旽, ?~1371)을 가리킴.

吝麗失馭[58)]

外侮交熾

島夷縱噬

納寇恣睢

紅巾㤼烋

元餘爂屭

孼僧跋扈

胡魁[59)]陸梁

於皇聖祖

神武誕揚

載宣天威

赫赫堂堂

58) 실어(失馭) : 말을 모는 법을 그르친다는 뜻으로, '나라를 잘못 다스림'을 말함.

59) 호괴(胡魁) : 여진족.

신정(神定)[60]

적들에게 분개하니,
우리 군사들은 호비(虎貔)[61]와 같도다.
병사들의 용맹을 고무하니,
그 형세 하늘을 나는 듯하구나.
온 하늘을 진동하니,
정의(正義) 또한 신기(神奇)하도다.
적들이 사마귀처럼 버티어도,
쫓겨 돌아가 곧 흩어지도다.
대를 쪼개듯 격파하니,
누가 지탱할 수 있겠는가.
무공으로 평정하니,
신이 하신 것이로다.

愾我敵
戎虎貔

60) 신정(神定) : 노래 가사 가운데 '기정무 신지위(耆定武 神之爲)'에서 두 글자를 따온 것.

61) 호비(虎貔) : 호랑이와 비휴(貔貅). 비휴는 범과도 비슷하고 곰과도 비슷한 전설 속의 맹수를 말함.

鼓厥勇

若翰飛

動九天

正又奇

螳斧[62]亢

旋自糜

竹斯破

孰我支

者定武

神之爲

62) 당부(螳斧) : 사마귀가 앞발을 세워 마치 도끼를 들고 버티고 있는 것 같은 형세를 말함.

분웅(奮雄)[63]

우리의 굳셈과 기운은,

우레와 벼락 같도다.

아무리 견고한 것인들 우리가 꺾지 못하며,

아무리 험난한 곳인들 평정하지 못하겠는가.

일을 처리함에 질서 있고 믿음직하게,

괴수(魁首)를 심문하고 불복하는 자를 벌하는도다.

신이한 무기를 한번 휘두르니,

요사스런 기운 곧 사라지도다.

이제 우리를 멸시하거나 거역하는 자 없으니,

우리나라는 길이 복될지라.

我雄我奮

如雷如霆

胡堅莫摧

胡險莫平

連連安安

奏我訊馘

63) 분웅(奮雄) : 노래 가사 가운데 '아웅아분(我雄我奮)'에서 두 글자를 따온 것.

神戈一揮
妖氛倏廓
無侮無拂
祚我東國

순응(順應)[64]

고려 왕이 충간(忠諫)을 거부하고,
감히 난을 일으키려 했도다.
우리 태조께서 신성하게 결단해,
우리 군사를 회군(回軍)했으니,
하늘과 사람들이 서로 협조했도다.

麗主拒諫
敢行稱亂
我運神斷
我師我返
天人協贊

---

64) 순응(順應) : 하늘의 도에 따르고[順], 인간의 도에 응(應)한다는 의미로 노래 가사 가운데 '천인협찬(天人協贊)'과 같음.

총수(寵綏)[65]

의로운 군대가 이에 돌아오니,

천명을 따르니 하늘이 도왔도다.

하늘이 내린 복이 진동하니,

남녀가 기뻐하며 즐거워하도다.

우리 임금의 사랑과 편안함을 기다리며,

그릇에 음식을 담아 맞이했도다.

더러움과 죄악을 씻어 버렸으니,

우리나라 길이 맑으리로다.

義旗[66]載回

順乃多助

天休震動

士女悅豫

徯我寵綏[67]

壺漿[68]用迎

---

65) 총수(寵綏) : 노래 가사 가운데 '혜아총수(徯我寵綏)'에서 두 글자를 따온 것.

66) 의기(義旗) : 의로운 군대.

67) 총수(寵綏) : 사랑해 편안하게 함.

旣滌穢惡
東海永淸

68) 호장(壺漿) : 유리그릇에 음료와 음식을 담는 것.

정세(靖世)[69]

저 고려의 유신(遺臣) 정몽주가,

화(禍)의 기운을 선동했으니,

우리 태종께서,

그 위기를 밝히셨도다.

신비한 꾀를 결정하시니,

이에 세상이 안정되었도다.

彼孤臣[70]

煽禍機

我皇考

克炳幾

神謀定

世以靖

---

69) 정세(靖世) : 노래 가사 가운데 '세이정(世以靖)'에서 두 글자를 따온 것.

70) 고신(孤臣) : 정몽주(鄭夢周, 1337~1392).

혁정(赫整)[71]

왜구들이 헤아리지 못하고,

우리 변경을 침략하니,

이에 크게 노해,

이에 우리의 군대를 정비했도다.

만 척의 배는 바람을 타고,

날듯이 바다를 건너,

도적의 소굴 뒤엎고,

그 근거지 쳐부수었도다.

비유컨대 기러기 털과 같은 적들이

불에 붙어 타는 듯하구나.

고래 같은 전쟁 물결이 잔잔해지더니,

우리나라 영원히 안정했도다.

島夷匪茹[72]

虔劉[73]我圉

71) 혁정(赫整) : 노래 가사 가운데 '원혁아노 원정아려(爰赫我怒 爰整我旅)'에서 두 글자를 따온 것.

72) 비여(匪茹) : 비(匪)는 비(非), 여(茹)는 생각하다[度].

73) 건류(虔劉) : 모조리 죽여 해침.

爰赫我怒
爰整我旅
萬艘駕風
飛渡溟渤
乃覆其巢
乃擣其穴
譬彼鴻毛
燎于方烈
鯨波乃息
永奠鰈域[74]

74) 접역(鰈域) : 우리나라를 가리킴.

중광(重光)[75]

아! 위대하신 선조께서,
큰 덕을 거듭 빛내셨도다.
중국 천자를 감동시키고 모함을 밝히시어,
우리 종묘를 바로잡으셨도다.[76]
명과의 의리를 들어 왜구를 물리치시고,
우리 강토를 진정(鎭定)하셨도다.
복을 받아 후손에게 열어 주시니,
영원토록 창성(昌盛)하리로다.

於皇宣祖

75) 중광(重光) : 노래 가사 가운데 '준덕중광(峻德重光)'에서 두 글자를 따온 것. 〈중광〉은 선조의 광국중흥(光國重興)을 찬미한 악장으로 1626년(인조 4)에 보태평 〈정명〉 아래 첨가했으나, 1651년(효종 2)에 정대업으로 자리를 옮겼다. 1759년(영조 35) 이후에는 보태평의 〈용광〉과 〈정명〉이 합장(合章)되고 빈자리에 다시 〈중광〉이 첨가되어 지금까지 전승되고 있다. 따라서 〈중광〉을 보태평에 놓아야 하지만, 《악장가사》에 정대업에 있으므로 이 자리에 둔다.

76) 명나라 《대전회통(大典會通)》에 이성계를 반명파(反明派)인 이인임(李仁任, ?~1388)의 아들이며, 군주를 죽인 역신(逆臣)으로 기록된 것을 1588년(선조 21)에 시정한 것을 말함.

峻德重光
格天昭誣
正我宗祊
抗義除凶
奠我封疆
受釐啓後
悠久熾昌

영관(永觀)[77] 인출(引出)

아! 위대한 열성(列聖)께서,
대대로 무공을 이루었도다.
그러한 성덕과 대업을,
어찌 형용할 수 있으리오.
우리의 춤은 순서가 있고,
나아가고 물러남에 법식도 있도다.
아름다운 그 모습에,
길이 그 끝마침을 보이도다.

於皇列聖
世有武功
盛德大業
曷可形容
我舞有奕
進止維程
委委佗佗
永觀厥成

---

77) 영관(永觀) : 노래 가사 가운데 '영관궐성(永觀厥成)'에서 두 글자를 따온 것.

6. 철변두(徹籩豆)[78]

제가 제기에 제물 담으니,
목기(木器)와 죽기(竹器)로다.
제물의 향기 아름다우니,
신께서 오심이 분명한 듯하도다.
제례를 마쳤기에,
삼가 철상(撤床)을 고하옵니다.

仰盛于豆
于豆于籩
有飶其香
來假僾然[79]
我禮旣成
告撤維虔

---

78) 철변두(撤籩豆) : 제사를 마칠 무렵 제기를 덮는 제사 차례. '철(徹)'은 '철(撤)'의 오기.

79) 애연(僾然) : 분명하지 못하고 흐릿한 모양.

7. 송신(送神)[80]

정결한 제사를 마쳤으니,

신께서 기뻐하셨으리로다.

떠나가심을 섭섭히 여긴 지 얼마 안 되어,

우리를 잠시 돌아보시도다.

무지개 깃발과 같은 모양으로,

구름 타고 아득히 가시는도다.

禋祀卒度

神康樂而

洋洋[81]未幾

回我倏而

霓旌髣髴

雲馭邈而

80) 송신(送神) : 제사가 끝난 뒤에 신령을 보내는 일.

81) 양양(洋洋) : 가득 차지 않은 모양, 그래서 서운한 모양.

아악가사
雅樂歌詞

문선왕(文宣王)－문묘(文廟) 악장(樂章)

해설

문묘제(文廟祭)는 문선왕(文宣王) 공자(孔子)에게 지내는 제사로 석전제(釋奠祭)라고도 한다. 우리나라에서 문묘제를 처음 올린 것은 고려 인종 7년(1129) 3월이다. 이후 충렬왕 충선왕 때 유교 진흥책으로 인한 자극과 주자학의 수입 등으로 문묘제는 점점 비중을 갖게 되었으며 조선 시대를 거쳐 지금까지 계승되고 있다.

제례의 대상은 공자를 비롯한 사성(四聖)인 연국공(兗國公) 안자[顔子 : 복성공(復聖公) 안회(顔回), BC 521~490], 성국공(郕國公) 증자[曾子 : 종성공(宗聖公) 증삼(曾參), BC 505~ BC 436], 기국공(沂國公) 자사[子思 : 술성공(述聖公) 공급(孔伋), BC 483~BC 402], 추국공(鄒國公) 맹자[孟子 : 아성공(亞聖公) 맹가(孟軻), BC 372~BC 289]와 공문(孔門) 십철(十哲), 송조(宋朝) 육현(六賢), 우리나라 십팔현(十八賢) 등 모두 39위(位)다.

제례에 사용하는 음악은 중국의 아악(雅樂)이며 고려 시대 세 번의 변화가 있었고 조선 시대에는 고려의 것을 그대로 받아들여 사용했다.

아악을 사용하는 문묘제례에서는 정식(正式) 칠성(七成)으로 영신, 전폐, 초헌, 아헌, 종헌, 철변두, 송신 모두 악장을 사용해 10편을 불러야 하지만, 우리나라는 약식(略式) 삼성(三成)으로 전폐, 초헌, 철변두에만 악장을 사용해 7편만을 부른다. 숙종 때 이를 문제 삼아 정식 칠성으로 제례를 지내기도 했다. 악장은 모두 송(宋) · 원(元)의 것을 그대로 사용하고 있다.

1. 전폐(奠幣)

사람이 생겨난 이래로,
누가 그 공자의 성덕을 따르겠는가.
오직 문선왕의 신명만이,
이전의 성현을 뛰어넘으셨도다.
제물과 폐백이 모두 갖추어졌고,
예의와 자세가 알맞았도다.
메와 음식이 향기롭지는 못하오나,
신령께서 우리의 청을 들어주소서.

自生民來
誰底其盛
惟王神明
度越前聖
粢幣俱成
禮容斯稱
黍稷非馨
惟神之聽

2. 초헌(初獻) 정위(正位)

크시도다 성왕이시여,
진실로 하늘이 큰 덕을 내림이라.
음악을 연주해 높이 모시고,
때마다 제사 지냄에 그침이 없도다.
맑은 술이 향기롭고,
아름다운 희생은 매우 크도다.
제물을 신명께 드리오니,
밝게 강림하시기를 비옵니다.

大哉聖王
實天生德
作樂以崇
時祀無斁
淸酤惟馨
嘉牲孔碩
薦羞[82]神明
庶幾昭格

82) 천수(薦羞) : 제물(祭物).

연국공(兗國公)[83]

가난했으나,

도의 연원이 깊도다.

아성(亞聖)으로 사람들과 도를 도모했으니,

백세토록 제사를 마땅히 받들어야 하겠도다.

좋은 날을 가려 재계하고,

술독과 궤(簋)를 진설(陳設)하도다.

좋은 술이 감미로우니,

신령께서 오셔서 흠향(歆饗)하소서.

庶幾屢空

淵源深矣

亞聖宣猷[84]

百世宜祀

吉蠲[85]斯辰

昭陳樽簋

83) 안자(顔子, BC 521~BC 490)로 복성공(復聖公) 안회(顔回)를 말함.

84) 선유(宣猷) : 널리 여러 사람과 도모함.

85) 길견(吉蠲) : 좋은 날과 훌륭한 사람을 골라, 재계(齋戒)해 제사를 받듦.

旨酒欣欣
神其來止

성국공(郕國公)[86]

마음으로 충과 서를 전해,

하나의 이치로써 만사(萬事)를 통했도다.

《대학(大學)》을 저술하시어,

만세에 떳떳함을 가르치셨도다.

우리에게 광명을 내려 주시고,

들은 것을 높이고 아는 것을 행하셨도다.

옛 성인을 이어 후인을 인도하니,

제향함이 마땅하도다.

心傳忠恕

一以貫之[87]

爰述大學

萬世訓彝

惠我光明

尊聞行知

繼聖迪後

是享是宜

---

86) 증자(曾子, BC 505～BC 436)로 종성공(宗聖公) 증삼(曾參)을 말함.

87) 일이관지(一以貫之) : 하나의 이치로써 모든 일을 꿰뚫음.

기국공(沂國公)88)

증자에게 도통을 이어받아,
맹자에게 전하셨도다.
정통(正統)을 이어받아,
종사(宗師) 됨을 얻으셨도다.
요강(要綱)을 들어 깊은 뜻을 여시고,
《중용(中庸)》을 저술하셨도다.
원성(元聖)에 배향되어,
억만년토록 숭앙받으리로다.

公傳自曾
孟傳自公
有嫡緒承
允得其宗
提綱開蘊
乃作中庸
侑于元聖
億載是崇

88) 자사(子思, BC 483～BC 402)로 술성공(述聖公) 공급(孔伋)을 말함.

추국공(鄒國公)[89]

도를 일으킴은,
아! 위대하신 문선왕부터였도다.
이를 공이 전하심으로 해서,
사람들이 바른 데로 갈 줄을 알았도다.
함께 당(堂)에 배향하니,
형식과 내용에 알맞도다.
만년토록 아름다움을 이어받으시니,
위대한 천명이로다.

道之由興
於皇宣聖
惟公之傳
人知趨正
與享在堂
情文[90]實稱
萬年承休
假哉天命

89) 맹자(孟子, BC 372~BC 289)로 아성공(亞聖公) 맹가(孟軻)를 말함.

90) 정문(情文) : 형식과 내용, 질(質)과 문(文).

3. 철변두(撤籩豆)

두 술잔은 앞에 준비하고,
목기와 죽기는 좌우에 벌여 있도다.
음식을 드리오니,
향기롭고 깨끗하도다.
예가 이루어지고 음악이 갖추어져,
사람은 화합하고 신령께서는 기뻐하도다.
제사를 지내면 복을 응당 받으리니,
예법에 따라 어김이 없도다.

犧象91)在前
籩豆在列
以享以薦
旣芬旣潔
禮成樂備
人和神悅
祭則受福

91) 희상(犧象) : 주대(周代)의 술 그릇, 봉황을 그리고 상아로 장식한 것.

率遵[92]無越

92) 솔준(率遵) : 예를 따르다.

가사
歌詞

해설

가사 상(上)에 있는 작품들은 연향악(宴享樂)의 가사로서 주로 속악으로 연주되었다. 모두 24편이 수록되었으며, 고려속요, 경기체가, 악장 그리고 갈래를 특정할 수 없는 작품들로 이루어졌다. 그리고 애초 가사 하(下) 혹은 중(中)·하(下)를 염두에 둔 것으로 보이나 현재로는 상편만 존재한다.

1. 감군은(感君恩)

사해 바다 깊이는 닻줄로 잴 수 있지만,
임금 덕의 연못은 어느 줄로 잴 수 있으리오.
끝없는 복을 받으시어 만세를 누리소서,
끝없는 복을 받으시어 만세를 누리소서,
달밤에 낚시하는 여유도 임금의 은혜로다.

태산이 높다 해도 하늘에 못 미치지만,
임금의 은혜와 덕성은 하늘같이 높으시네.
끝없는 복을 받으시어 만세를 누리소서,
끝없는 복을 받으시어 만세를 누리소서,
달밤에 낚시하는 여유도 임금의 은혜로다.

사해 넓은 바다는 배 한 척으로 건널 수 있지만,
임금의 넓은 은택을 이생에서 어찌 갚으리오.
끝없는 복을 받으시어 만세를 누리소서,
끝없는 복을 받으시어 만세를 누리소서,
달밤에 낚시하는 여유도 임금의 은혜로다.

일편단심뿐임을 하늘이여 알아주소서,
백골이 가루가 된들 단심이 가시겠는가.
끝없는 복을 받으시어 만세를 누리소서,
끝없는 복을 받으시어 만세를 누리소서,
달밤에 낚시하는 여유도 임금의 은혜로다.

四海ᄉᆞ히 바닷 기픠ᄂᆞᆫ 닫줄로 자히리어니와 님의 德澤덕ᄐᆡᆨ 기픠ᄂᆞᆫ 어ᄂᆡ 줄로 자히리잇고 享福無彊[93]향복무강ᄒᆞ샤 萬歲만셰ᄅᆞᆯ 누리소셔 享福無彊향복무강ᄒᆞ샤 萬歲만셰ᄅᆞᆯ 누리쇼셔 一竿明月일간명월이 亦君恩역군은이샷다

○泰山태산이 놉다컨마ᄅᆞᄂᆞᆫ 하ᄅᆞᆯ해 몬 밋거니와 님의 놉ᄑᆞ샨 恩은과 德덕과ᄂᆞᆫ 하ᄂᆞᆯ ᄀᆞ티 노ᄑᆞ샷다 享福無彊향복무강ᄒᆞ샤 萬歲만셰ᄅᆞᆯ 누리쇼셔 享福無彊향복무강ᄒᆞ샤 萬歲만셰ᄅᆞᆯ 누리쇼셔 一竿明月일간명월이 亦君恩역군은이샷다

○四海ᄉᆞᄒᆡ 넙다ᄒᆞᆫ 바다 ᄒᆞᆫ 舟楫쥬즙이면 건너리어니와 님의 너브샨 恩澤은ᄐᆡᆨ을 此生ᄎᆞ싱애 갑소오릿가 享福無彊향복무강ᄒᆞ샤 萬歲만셰ᄅᆞᆯ 누리쇼셔 享福無彊향복무

93) 강(彊) : '강(疆)'의 오기. 이하 마찬가지다.

강ᄒᆞ샤 萬歲만세를 누리쇼셔 一竿明月일간명월이 亦君恩역군은이샷다

○一片丹心일편단심뿐을 하늘하 아ᄅᆞ쇼셔 白骨糜粉ᄇᆡᆨ골미분인들 丹心단심이ᄯᆞᆫ 가ᄉᆡ리잇가 享福無疆향복무강ᄒᆞ샤 萬歲만셰를 누리쇼셔 享福無疆향복무강ᄒᆞ샤 萬歲만셰를 누리쇼셔 一竿明月일간명월이 亦君恩역군은이샷다

2. 정석가(鄭石歌)

선왕과 조령(祖靈)께서 여기에 계십니다.
선왕과 조령(祖靈)께서 여기에 계십니다.
선왕 성대 같은 태평성대에서 놀고 싶습니다.

바삭거리는 가는 모래 벼랑에,
바삭거리는 가는 모래 벼랑에,
구운 밤 닷 되를 심습니다.

그 밤이 움이 돋아 싹이 나야,
그 밤이 움이 돋아 싹이 나야,
유덕하신 임을 이별하고 싶습니다.

옥으로 연꽃을 새깁니다.
옥으로 연꽃을 새깁니다.
바위 위에 접붙이고자 합니다.

그 꽃들의 세 부분이 한데 피어야,
그 꽃들의 세 부분이 한데 피어야,

유덕하신 임을 이별하고 싶습니다.

무쇠로 갑옷을 마름질해 내가,
무쇠로 갑옷을 마름질해 내가,
쇠 실로 주름을 박습니다.

그 옷이 모두 헐어야,
그 옷이 모두 헐어야,
유덕하신 임을 이별하고 싶습니다.

무쇠로 큰 소를 만들어서,
무쇠로 큰 소를 만들어서,
쇠나무 산에 놓습니다.

그 소가 쇠 풀을 먹어야,
그 소가 쇠 풀을 먹어야,
유덕하신 임을 이별하고 싶습니다.

구슬이 바위에 떨어진들,
구슬이 바위에 떨어진들,
끈이야 끊어지겠습니까.

천년을 따로 살아간들,

천년을 따로 살아간들,

믿음이야 끊어지겠습니까.

딩아 돌하[94] 當今당금에 계샹이다 딩아 돌하 當今당금에 계샹이다 先王聖代션왕셩딕예 노니ᄋᆞ와지이다

○삭삭기 셰믈애 별헤 나는 삭삭기 셰몰애 별헤 나는 구은 밤 닷 되를 심고이다

○그 바미 우미 도다 삭나거시아 그 바미 우미 도다 삭나거시아 有德유덕ᄒᆞ신 님믈 여히ᄋᆞ와지이다

○玉옥으로 蓮련ㅅ고즐 사교이다 玉옥으로 蓮련ㅅ고즐 사교이다 바회 우희 接柱졉듀ᄒᆞ요이다

○그 고지 三同삼동이 퓌거시아 그 고지 三同삼동이 퓌거시아 有德유덕ᄒᆞ신 님 여히ᄋᆞ와지이다

○므쇠로 텰릭을 몰아 나는 므쇠로 텰릭을 몰아 나는 鐵絲텰ᄉᆞ로 주롬 바고이다

○그 오시 다 헐어시아 그 오시 다 헐어시아 有德유덕

94) 딩하 돌하 : '딩'과 '돌'을 악기인 '정(鉦)'과 '석경(石磬)'으로 보기도 하나, 존대(尊大) 조사와 서술어를 감안할 때, '선왕(先王)'과 '조령(祖靈)'으로 보는 것이(최용수) 합리적일 듯하다.

ᄒᆞ신 님 여ᄒᆡᄋᆞ와지이다

○므쇠로 한쇼를 디여다가 므쇠로 한쇼를 디어다가 鐵樹山텰슈산에 노호이디

○그 쇠 鐵草텰초를 머거아 그 쇠 鐵草텰초를 머거아 有德유덕ᄒᆞ신 님 여ᄒᆡᄋᆞ와지이다

○구스리 바회예 디신ᄃᆞᆯ 구스리 바회예 디신ᄃᆞᆯ 긴힛ᄃᆞᆫ 그츠리잇가

○즈믄 ᄒᆡᄅᆞᆯ 외오곰 녀신ᄃᆞᆯ 즈믄 ᄒᆡᄅᆞᆯ 외오곰 녀신ᄃᆞᆯ 信신잇ᄃᆞᆫ 그츠리잇가

3. 청산별곡(靑山別曲)

살어리 살어리랏다 청산에 살어리랏다.
머루랑 다래랑 먹고 청산에 살어리랏다.
얄리얄리 얄랑셩 얄라리 얄라

울어라 울어라 새여 자고 일어 울어라 새여,
너보다 시름 많은 나도 자고 일어 우는구나.
얄리얄리 얄라리 얄라리 얄라

가던 새 가던 새 보느냐, 물 아래 가던 새 보느냐?
이끼 묻은 쟁기를 가지고 물 아래 가던 새 보느냐?
얄리얄리 얄라리 얄라리 얄라

이렇게 저렇게 해 낮은 지내 왔지만,
오는 이도 가는 이도 없는 밤은 또 어찌하리오.
얄리얄리 얄라리 얄라리 얄라

어디에 던지던 돌인가 누구를 맞히려던 돌인가,
미워할 이 사랑할 이 없이 맞아서 우노라.

얄리얄리 얄라리 얄라리 얄라

살어리 살어리랏다 바다에 살어리랏다
나문재[海草] 굴 조개랑 먹고 바다에 살어리랏다
얄리얄리 얄라리 얄라리 얄라

가다가 가다가 들었노라 예정지(豫定地)에 가다가 들었노라.
사슴이 짐대에 올라 있어 해금을 켜는 것을 들었노라.
얄리얄리 얄라리 얄라리 얄라

가고 있는데 배 부른 독에 덜 익은 강술을 빚었네.
조롱꽃 누룩이 매워 잡으니 내 어찌하리.
얄리얄리 얄라리 얄라리 얄라

살어리 살어리랏다 靑山청산애 살어리랏다 멀위랑 ㉰래랑 먹고 靑山청산애 살어리랏다 얄리얄리 얄랑셩 알라리 얄라

○우러라 우러라 새여 자고 니러 우러라 새여 널라와 시름한 나도 자고 니러 우니로라 얄리얄리 얄라셩 얄라리 얄라

○가던 새95) 가던 새 본다 믈 아래 가던 새 본다 잉무든 장글란 가지고 믈 아래 가던 새 본다 얄리얄리 얄라셩 얄라리 얄리

○이링공 뎌링공 ᄒᆞ야 나즈란 디내와손뎌 오리도 가리도 업슨 바므란 ᄯᅩ 엇디호리라 얄리얄리 얄라셩 얄라리 얄라

○어듸라 더디던 돌코 누리라 마치던 돌코 믜리도 괴리도 업시 마자셔 우니노라 얄리얄리 얄라셩 얄라리 얄라

○살어리 살어리랏다 바ᄅᆞ래 살어리랏다 ᄂᆞᄆᆞ자기 구조개랑 먹고 바ᄅᆞ래 살어리랏다 얄리얄리 얄라셩 얄라리 얄라

○가다가 가다가 드로라 에정지96) 가다가 드로라 사ᄉᆞ미 짒대예 올아셔 奚琴히금을 혀거를 드로라 얄리얄리 얄라셩 얄라리 얄라

---

95) 가던 새 : '갈던 사래', '가던 사람', '가던 사이에'로 푸는 경우가 있으나, '새'를 상징적으로 풀어 '가던 새(鳥)'로 보는 것이(박병채) 나을 듯하다.

96) 에정지 : '외딴 부엌', '부엌 둘레 주변', '들판' 등으로 푸는 경우가 있으나, 화자의 이동 지향성을 고려할 때, 목적지인 '예정지(豫定地)'로 보는 것이 가능할 듯하다.

ㅇ가다니 빅브른 도긔 설진 강수를 비조라 조롱곳 누로기 믹와 잡ᄉᆞ와니 내 엇디ᄒᆞ리잇고 알리알리 알라셩 알라리 알라

4. 서경별곡(西京別曲)

서경이 아즐가,
서경이 서울이지마는,
위 두어렁셩 두어렁셩 다링디리

새로 닦은 곳 아즐가,
새로 닦은 곳 작은 서울을 사랑하지만,
위 두어렁셩 두어렁셩 다링디리

님과 이별하기보다는 아즐가,
님과 이별하기보다는 길쌈 삼베 버려두고,
위 두어렁셩 두어렁셩 다링디리

님이 나를 사랑하신다면 아즐가,
님이 나를 사랑하신다면 울면서 따르겠습니다.
위 두어렁셩 두어렁셩 다링디리

구슬이 아즐가,
구슬이 바위에 떨어진들,

위 두어렁셩 두어렁셩 다링디리

끈이야 아즐가,
끈이야 끊어지겠습니까 나는,
위 두어렁셩 두어렁셩 다링디리

천년을 아즐가,
천년을 따로 살아간들,
위 두어렁셩 두어렁셩 다링디리

믿음이야 아즐가
믿음이야 끊어지겠습니까 나는,
위 두어렁셩 두어렁셩 다링디리

대동강 아즐가,
대동강이 넓은 줄 몰라서,
위 두어렁셩 두어렁셩 다링디리

배 내여 아즐가,
배를 내여놓았느냐, 사공아
위 두어렁셩 두어렁셩 다링디리

네 각시 아즐가,
네 각시 음탕한 줄 몰라서,
위 두어렁셩 두어렁셩 다링디리

가는 배에 아즐가
가는 배에 님을 태우느냐, 사공아
위 두어렁셩 두어렁셩 다링디리

대동강 아즐가,
대동강 건너편 꽃을,
위 두어렁셩 두어렁셩 다링디리

배를 타고 가면 아즐가,
배를 타고 가면 꺾겠구나.
위 두어렁셩 두어렁셩 다링디리

西京셔경이 아즐가 西京셔경이 셔울히 마르는 위 두어렁셩 두어렁셩 다링디리

○닷곤 ᄃᆡ 아즐가 닷곤 ᄃᆡ 쇼셩경 고외마른 위 두어렁셩 두어렁셩 다링디리

○여ᄒᆡ므론 아즐가 여ᄒᆡ므논 질삼 뵈 ᄇᆞ리시고 위 두어렁셩 두어렁셩 다링디리

○괴시란ᄃᆡ 아즐가 괴시란ᄃᆡ 우러곰 좃니노이다 위 두어렁셩 두어렁셩 다링디리

○구스리 아즐가 구스리 바회예 디신ᄃᆞᆯ 위 두어렁셩 두어렁셩 다링디리

○긴히ᄯᆞᆫ 아즐가 긴힛ᄯᆞᆫ 그츠리잇가 나ᄂᆞᆫ 위 두어렁셩 두어렁셩 다링디리

○즈믄 ᄒᆡ를 아즐가 즈믄 ᄒᆡ를 외오곰 녀신ᄃᆞᆯ 위 두이렁셩 두어렁셩 다링디리

○信신잇ᄃᆞᆫ 아즐가 信신잇ᄃᆞᆫ 그츠리잇가 나ᄂᆞᆫ 위 두어렁셩 두어렁셩 다링디리

○大同江대동강 아즐가 大同江대동강 너븐디 몰라셔 위 두어렁셩 두어렁셩 다링디리

○ᄇᆡ 내여 아즐가 ᄇᆡ 내여 노ᄒᆞᆫ다 샤공아 위 두어렁셩 두어렁셩 다링디리

○네 가시 아즐가 네 가시 럼난디 몰라셔 위 두어렁셩 두어렁셩 다링디리

○녈 ᄇᆡ예 아즐가 녈 ᄇᆡ예 연즌다 샤공아 위 두어렁셩 두어렁셩 다링디리

○大同江대동강 아즐가 大同江대동강 건넌편 고즐여

위 두어렁셩 두어렁셩 다링디리

ㅇ비타들면 아즐가 비타들면 것고리이다 나는 위 두어렁셩 두어렁셩 다링디리

5. 사모곡(思母曲)

호미도 날이 있지만,
낫처럼 잘 들 리는 없습니다.
아버님도 부모님이시지마는,
어머님같이 사랑해 주실 분도 없습니다.
아소서 임이시여,
어머님처럼 사랑해 주실 분은 없습니다.

호ᄆᆡ도 ᄂᆞᆯ히언마ᄅᆞᄂᆞᆫ 낟ᄀᆞ티 들 리도 업스니이다 아바님도 어이어신마ᄅᆞᄂᆞᆫ 위 덩더둥셩 어마님ᄀᆞ티 괴시리 업세라 아소 님하 어마닙ᄀᆞ티 괴시리 업세라

6. 능엄찬(楞嚴讚)

세계 중생이 혼미해 본각을 잃고서 물결 따라 헤매거늘,

여래께서 불쌍히 여기시어 비로 행할 길을 닦으시니 하나의 큰 스승 아님이 없도다.

아난존자[97]가 참으로 자애로운 방편으로 보좌해 후학(後學)이 되시거늘,

관세음의 원통을 문수보살이 홀로 잘 수행했도다.

나무석가세존이시여 이 후회하는 마음을 비춰 보소서.

시방불[98]의 위 없는 보인으로 연기법을 열어 통하게 하시나니,

---

97) 아난존자 : 석가의 10대 제자 중 한 사람인 아난다(阿難陀)를 말한다. 석가가 성도 후 귀향했을 때, 난다(難陀) · 아나율(阿那律) 등과 함께 그를 따라 출가했다고 하는데, 대중들의 천거에 의해 아난다가 20여 년간 시자(侍者)를 맡아 가까이서 석가를 모시면서 그의 말을 가장 많이 들었으므로, 다문제일(多聞第一) 아난다로 불렸다.

98) 시방불(十方佛) : 모든 세계에 존재하는 부처. 불교의 공간은 사방(四方 : 동 · 서 · 남 · 북), 사유(四維 : 북서 · 남서 · 남동 · 북동)와 상 · 하의 열 방향을 나타낸다. 그리고 시간의 구분인 삼세(三世 : 과거 · 현재 · 미래)까지를 통칭해 전 우주를 가리키기도 한다.

만약 따라서 증험하는 자가 있거든 마귀의 바람이 불지 못하게 하소서.

좋도다 법을 보호하시는 천룡귀신이시도다.

世界衆生셰계즁싱이 迷失本覺隨波逐浪미실본각슈파튝랑이어를

如來哀憫여릐익민ᄒᆞ샤 始修行路시슈힝로ㅣ ᄉᆞ無非一大師무비일대ㅣ시니

阿難尊者아난존자ㅣ 眞慈方便진ᄌᆞ방변으로 副爲末學부위말혹이어시늘

觀世音圓通관셰음원통을 文殊문슈ㅣ 獨善독션이샷다

南無釋伽世尊남무셕기셰존하 照此今悔心죠ᄎᆞ금회심ᄒᆞ쇼셔

十方佛毋無上寶印시방불모무상보인으로 有緣유연을 開道기도ᄒᆞ시ᄂᆞ니

若有隨證者약유슈증쟈ㅣ어든 魔風마풍이 不得吹블득취케ᄒᆞ쇼셔

善㦲션직라 護法호법ᄒᆞ신 天龍鬼神텬룡귀신이여샷다

7. 영산회상(靈山會相)[99]

영산회상불보살은 〈수만세가〉로 대체되었다.

바다에 사는 신선이 보랏빛 안개를 타고 와서,
비단 휘장 앞에 나뉘어 서서 춤을 드립니다.
꽃을 꽂은 머리 무거워서 천천히 돌면서,
삼가 임금님의 만수무강을 드리옵니다.

靈山會相佛普薩령산회샹불보살 代壽萬歲歌ᄃᆡ슈만세가

碧海神人乘紫烟벽ᄒᆡ신인승ᄌᆞ연
分曺呈舞繡簾前분조뎡무슉렴젼
揷花頭重迴旋緩삽화두듕회션완
共獻君王壽萬年공헌군왕슈만년

---

99) 영산회(靈山會) : 석가가 영취산(靈鷲山)에서 법화경이나 무량수경 등을 설법했을 때의 모임.

8. 쌍화점(雙花店)

쌍화점에 쌍화[100] 사러 갔더니,
회회아비가 내 손목을 잡더이다.
이 말이 이 가게 밖에 나고 들면,
다로러거디러 조그만 새끼 광대 네 말이라 하리라.
더러둥셩 다리러디러 다리러디러 다로러거디러 다로러
그 자리에 나도 자러 가리라.
위 위 다로러거디러 그 잔 데같이 지저분한 곳이 없구나.

삼장사에 불을 켜러 갔더니,
그 절 지주승이 내 손목을 잡더이다.
이 말이 이 절 밖에 나고 들면,
다로러거디러 조그만 새끼 상좌 네 말이라 하리라.
더러둥셩 다리러디러 다리러디러 다로러거디러 다로러
그 자리에 나도 자러 가리라

100) 쌍화(雙花) : '만두', '떡' 등으로 보기도 하지만, 쌍화점주(雙花店主)가 이슬람인 것으로 보아 사모사(samosa)의 음차로 읽는 것이 나을 듯하다.

위 위 다로러거디러 그 잔 데같이 지저분한 곳이 없구나.

두레우물에 물을 길러 가 있더니,
우물 용이 내 손목을 잡더이다.
이 말이 이 우물 밖에 나고 들면,
다로러거디러 조그만 두레박아 네 말이라 하리라.
더러둥셩 다리러디러 다리러디러 다로러거디러 다로러
그 자리에 나도 자러 가리라
위 위 다로러거디러 그 잔 데같이 지저분한 곳이 없구나.

술 파는 집에 술을 사러 갔더니,
그 집 아비 내 손목을 잡더이다.
이 말이 이 집 밖에 나고 들면
다로러거디러 조그만 술 바가지야 네 말이라 하리라.
더러둥셩 다리러디러 다리러디러 다로러거디러 다로러
그 자리에 나도 자러 가리라.
위 위 다로러거디러 그 잔 데같이 지저분한 곳이 없구나.

雙花店솽화뎜에 雙花솽화 사라 가고신ᄃᆡᆫ 回回휘휘아비 내 손모글 주여이다 이 말ᄉᆞᆷ미 이 店뎜 밧긔 나명 들명 다로러거디러 죠고맛감 삿기 광대 네 마리라 호리라 더러둥셩 다리러디러 다리러디러 다로러거디러 다로러 긔 자리예 나도 자라 가리라 위위 다로러거디러 다로러 긔 잔 ᄃᆡ ᄀᆞ티 덦거츠니 업다

○三藏寺삼장ᄉᆞ애 브를 혀라 가고신ᄃᆡᆫ 그 뎔 社主샤쥬ㅣ 내 손모글 주여이다 이 말ᄉᆞ미 이 뎔 밧긔 나명 들명 다로러거디러 죠고맛간 삿기 上座샹좌ㅣ 네 마리라 호리라 더러둥셩 다리러디러 다리러디러 다로러거디러 다로러 긔 자리예 나도 자라 가리라 위위 다로러거디러 다로러 긔 잔 ᄃᆡ ᄀᆞ티 덦거츠니 업다

○드레우므레 므를 길라 가고신ᄃᆡᆫ 우믓龍룡이 내 손모글 주여이다 이 말ᄉᆞ미 이 우믈 밧ᄭᅴ 나명 들명 다로러거디러 죠고맛간 드레바가 네 마리라 호리라 더러둥셩 다리러디러 다리러디러 다로러거디러 다로러 긔 자리예 나도 자라 가리라 위위 다로러거디러 다로러 긔 잔 ᄃᆡ ᄀᆞ티 덦거츠니 업다

○술 폴 지븨 수를 사라 가고신ᄃᆡᆫ 그 짓 아비 내 손모글 주여이다 이 말ᄉᆞ미 이 집 밧ᄭᅴ 나명 들명 다로러거디러 죠고맛간 싀구바가 네 마리라 호리라 더러둥셩 다리

러디러 다리러디러 다로러거디러 다도러 긔 자리예 나도 자라 가리라 위위 다로러거디러 다로러 긔 잔 ᄃᆡ ᄀᆞ티 덦거츠니 업다

9. 이상곡(履霜曲)

비 오다가 개어 또 눈도 많이 내린 날에,

서리는 내려 서걱서걱하고 우거진 나무숲에 좁고 굽어 돌아난 길에,

다롱디우셔 마득사리 마두너즈세 너우지

잠을 따 간 내 임을 그리워하는데,

그러한 희미한 길에 자러 오겠습니까.

때때로 벼락 소리 나고 살아 무간지옥에 떨어져,

곧 죽을 수 있는 이 몸이,

끝 벼락 소리 나고 살아 무간지옥에 떨어져,

이제 곧 죽을 이 몸이,

내 임 두고 다른 산길을 걸으리.

이렇게 저렇게,

이렇게 저렇게 어떤 것이 기약입니까.

아소서 임이시여, 한 곳에 가자는 약속입니다.

비 오다가 개야 아 눈 하 디신 나래 서린 석석사리 조븐 곱도신 길헤 다롱디우셔 마득사리 마두너즈세 너우지 잠 따 간 내 니믈 너겨 깃둔 열명길헤101) 자라 오리잇가

죵죵 霹靂벽력 生陷墮無間싱함타무간 고대셔 싀여딜 내 모미 죵 霹靂벽력 아 生陷墮無間싱함타무간 고대셔 싀여딜 내 모미 내 님 두숩고 년뫼를 거로리 이러쳐 뎌러쳐 이러쳐 뎌러쳐 期約긔약이잇가 아소 님하 훈딕 녀젓 期約긔약이이다

---

101) 열명길 : '[십분노명왕(十忿怒明王)과 같이] 무서운 길', '저승길' 등으로 보기도 하지만, 고유어의 어감을 살려 '덜 밝은 새벽[開明 · 薄明]'(이병기)으로 보는 것이 나을 듯하다.

10. 가시리

가시려 가시렵니까, 나를 두고
버리고 가시렵니까, 나를 두고.
위 증즐가 대평성대

나는 어찌 살라 하고,
버리고 가시렵니까, 나를 두고.
위 증즐가 대평성대

잡아 두고 싶지마는,
서운케 하면 아니 올까 봐,
위 증즐가 대평성대

서러운 임 보내 드리니, 내가
가시는 듯 다시 오소서, 나에게.
위 증즐가 대평성대

가시리 가시리잇고 나ᄂᆞᆫ ᄇᆞ리고 가시리잇고 나ᄂᆞᆫ 위
증즐가 大平盛代대평셩ᄃᆡ

ㅇ날러ᄂᆞᆫ 엇디 살라 ᄒᆞ고 ᄇᆞ리고 가시리잇고 나ᄂᆞᆫ 위 증즐가 大平盛代대평셩ᄃᆡ

ㅇ잡ᄉᆞ와 두어리마ᄂᆞᄂᆞᆫ 선ᄒᆞ면 아니 올셰라 위 증즐가 大平盛代대평셩ᄃᆡ

ㅇ셜온님 보내ᅌᆞᆸ노니 나는 가시ᄂᆞᆫ ᄃᆞᆺ 도셔 오쇼셔 나ᄂᆞᆫ 위 증즐가 大平盛代대평셩ᄃᆡ

11. 유림가(儒林歌)

500년이 돌아 황하(黃河)가 맑아,
성군이 중흥하시니 온 백성의 기쁨이로다.
500년이 돌아 기수(沂水)가 맑아,
성군이 중흥하시니 농사가 잘되었도다.
(엽) 아궁차락아 궁차궁차락아
기수에서 목욕하고, 언덕에서 바람 쐬고,
시를 읊조리며 돌아오리라.
아궁차락아 궁차궁차락아

500년이 돌아 사수(泗水)가 맑아,
성군이 중흥하시니 천하가 태평하도다.
500년이 돌아 한수(漢水)가 맑아,
성군이 중흥하시니 전쟁이 없도다.
(엽) 아궁차락아 궁차궁차락아
기수에서 목욕하고, 언덕에서 바람 쐬고,
시를 읊조리며 돌아오리라.
아궁차락아 궁차궁차락아

500년이 돌아 사해(四海)가 맑아,
성군이 중흥하시니 백성의 부모이시로다.
계수나무 꼭대기의 학이 가지 많은 틈새에 앉았도다.
하늘에서 내려오시니 인간 세상의 봉래로다.
(엽) 아궁차락아 궁차궁차락아
기수에서 목욕하고, 언덕에서 바람 쐬고,
시를 읊조리며 돌아오리라.
아궁차락아 궁차궁차락아

단혈구포의 봉황이 구중궁궐에 앉았도다.
덕을 받아 오시는 모습은 중흥 성주이시로다.
아침햇살 벽오동의 봉황이 지금 울음을 울어,
성음(聲音)이 하늘로부터 들리니 덕치로 태평하시로다.
(엽) 아궁차락아 궁차궁차락아
기수에서 목욕하고, 언덕에서 바람 쐬고,
시를 읊조리며 돌아오리라.
아궁차락아 궁차궁차락아

귀한 3,000명의 손님과 학생 70명,
아득한 천년 후에도 어찌 사람이 없으리오.

재상의 30년과 맑은 바람 1만 년,

나는 어진 재상이었던 방교와 두여회와 함께 변치 않겠노라.

(엽) 아궁차락아 궁차궁차락아

기수에서 목욕하고, 언덕에서 바람 쐬고,

시를 읊조리며 돌아오리라.

아궁차락아 궁차궁차락아

10년 공부에 가난한 서생이여,

조만간 과거에 급제하면 청운의 꿈을 이루리라.

봉황성의 오랜 곳에 학교들이 늘어 있으니,

해마다 3월 말이면 배출되는 장원이여.

(엽) 아궁차락아 궁차궁차락아

기수에서 목욕하고, 언덕에서 바람 쐬고,

시를 읊조리며 돌아오리라.

아궁차락아 궁차궁차락아

五百年오ᄇᆡᆨ년이 도라 黃河황히ㅅ므리 믈가 聖主셩쥬ㅣ 重興듕흥ᄒᆞ시니 萬民만민의咸樂 함락이로다 五百年오ᄇᆡᆨ년이 도라 沂水긔슈ㅅ므리 믈가 聖主셩쥬ㅣ 重興듕흥ᄒᆞ시니 百穀ᄇᆡᆨ곡이 豊登[102]풍등ᄒᆞ샷다 葉 我窮且樂아궁챠락아 窮且窮且樂궁챠궁챠락아 浴乎沂욕호긔 風乎舞雩풍호무우 詠而歸영이귀103)호리라 我窮且樂아궁챠락아 窮且窮且樂궁챠궁챠락아

○五百年오빅년이 도라 泗水ᄉᆞ슈ㅅ므리 ᄆᆞᆯ가 聖主셩쥬ㅣ 重興듕흥ᄒᆞ시니 天下텬하ㅣ 大平대평ᄒᆞ샷다 五百年오빅년이 도라 漢水한슈ㅅ므리 ᄆᆞᆯ가 聖主셩쥬ㅣ 重興듕흥ᄒᆞ시니 干戈간과ㅣ 息靜식졍ᄒᆞ샷다 葉 我窮且樂아궁챠락아 窮且窮且樂궁챠궁챠락아 浴乎沂욕호긔 風乎舞雩풍호무우 詠而歸영이귀호리라 我窮且樂 아궁챠락아 窮且窮且樂궁챠궁챠락아

○五百年오빅년이 도라 四海ᄉᆞ히ㅅ므리 ᄆᆞᆯ가 聖主셩쥬ㅣ 重興듕흥ᄒᆞ시니 民之父母민지부모ㅣ샷다 桂林계림 마뒷 鶴학이 卻詵枝각션지예 안재라 天上降來텬샹강릭ᄒᆞ시니 人間蓬萊인간봉릭샷다 葉 我窮且樂아궁챠락아 窮且窮且樂궁챠궁챠락아 浴乎沂욕호긔 風乎舞雩풍호무우 詠而歸영이귀호리라 我窮且樂아궁챠락아 窮且窮且樂

102) 풍등(豊登) : 농사지은 것이 썩 잘됨.

103) 욕호기(浴乎沂) 풍호무우(風乎舞雩) 영이귀(詠而歸) : 기수에서 목욕하고 무우 언덕에서 놀다가 시를 읊으며 돌아온다는 뜻으로, '자연을 즐기는 즐거움'을 이르는 말. '莫春者 春服既成 冠者五六人 童子六七人 浴乎沂 風乎舞雩 詠而歸'《論語》〈先進〉.

궁챠궁챠락아

○丹穴九包단혈구포ㅅ鳳봉이 九重宮闕구듕궁궐에 안재라 覽德來儀남덕릭의ᄒᆞ시니 重興聖主듕흥셩쥬샷다 朝陽碧梧됴양벽오ㅅ鳳봉이 當今당금에 우루믈 우러 聲聞于天셩문우텬ᄒᆞ시니 文治大平문티대평ᄒᆞ샷다 葉 我窮且樂아궁챠락아 窮且窮且樂궁챠궁챠락아 浴乎沂욕호긔 風乎舞雩풍호무우 詠而歸영이귀호리라 我窮且樂아궁챠락아 窮且窮且樂궁챠궁챠락아

○珠履三千客쥬리삼천긱과 青衿七十徒청금칠십도와 杳矣千載後묘의천ᄌᆡ후에 豈無其人긔무기인이리오 黃閣三十年황각삼십년과 淸風一萬古청풍일만고와 我與房與杜아여방여두104)로 終始如一죵시여일호리라 葉 我窮且樂아궁챠락아 窮且窮且樂궁챠궁챠락아 浴乎沂욕호긔 風乎舞雩풍호무우 詠而歸영이귀호리라 我窮且樂아궁챠락아 窮且窮且樂궁챠궁챠락아

○十年螢雪榻심연형셜탑애 白衣一書生빅의일셔싱이여 暫登龍榜後잠등룡방후에 脚底青雲각뎌청운이로다 鳳城千古地봉셩천고디에 學校ᄒᆨ교를 排비ᄒᆞ야이다 年年三

---

104) 방교(房喬)와 두여회(杜如晦)를 가리킴. 이 두 사람은 당나라 때의 어진 재상이었음.

月暮년년삼월모애 나리라 壯元郞장원랑이여 葉 我窮且樂아궁챠락아 窮且窮且樂궁챠궁챠락아 浴乎沂욕호긔 風乎舞雩풍호무우 詠而歸영이귀호리라 我窮且樂아궁챠락아 窮且窮且樂궁차궁챠락아

12. 신도가(新都歌)

옛날에는 양주 고을이여,

이 경계에 새 도읍의 좋은 경치로다.

개국성왕이 태평성대를 이룩하셨도다.

도성답도다. 지금의 경치, 참으로 도성답도다.

임금이 만수무강하셔야 온 백성의 기쁨이로다.

아으 다롱다리

앞은 한강수요, 뒤는 삼각산이라,

많은 덕을 쌓으신 이 강산에서 만세를 누리소서.

녜ᄂᆞᆫ 楊州양쥬ㅣ ᄀᆞ올히여 디위예 新都形勝신도형승이샷다 開國聖王ᄀᆡ국셩왕이 聖代셩ᄃᆡ를 니르어샷다 잣다온뎌 當今景당금ᄭᅧᆼ 잣다온뎌 聖壽萬年셩슈만년ᄒᆞ샤 萬民만민의 咸樂함락이샷다 아으 다롱다리 알ᄑᆞᆫ 漢江水한강슈여 뒤ᄒᆞᆫ 三角山삼각산이여 德重덕듕ᄒᆞ신 강산江山ᄌᆞ으메 萬歲만세를 누리쇼셔

13. 한림별곡(翰林別曲)

유원순(兪元淳)의 문장, 이인로(李仁老)의 시, 이공로(李公老)의 사륙변려문,

이규보(李奎報)와 진화((陳澕)가 쌍운(雙韻)을 따라 짓는 시,

유충기(劉冲基)의 대책문, 민광균(閔光鈞)의 경서 풀이, 김인경(金仁鏡)의 시와 부,

아, 시험장에서 뽐내는 광경 그것이 어떠합니까.

(엽) 금의(琴儀)의 문하생들 금의의 문하생들,

아, 나까지 모두 몇 분입니까.

당서(唐書)와 한서(漢書), 장자(莊子)와 노자(老子), 한유(韓愈)와 유종원(柳宗元)의 문집,

이백(李白)과 두보(杜甫)의 시집, 난대령사(蘭臺令使)의 시문집, 백거이(白居易)의 시문집,

시경(詩經)과 서경(書經), 주역(周易)과 춘추(春秋), 대대례(大戴禮)와 소대례(小戴禮)를,

아, 주(註)까지 내내 외운 광경 어떠합니까.

(엽) 태평광기(太平廣記) 사백여 권 태평광기 사백여

권,

아, 두루두루 읽는 모습 그것이 어떠합니까.

안진경(顔眞卿)의 서체, 채옹(蔡邕)의 비백체, 행서 초서,

전서체, 올챙이 서체, 우세남(虞世南)의 서체를,

양털 붓, 쥐털 붓 비스듬히 들어,

아, 찍는 광경 그것이 어떠합니까.

(엽) 오 선생과 유 선생 양 선생의 오 선생과 유 선생 양 선생의,

아, 붓을 놀리는 모습 그것이 어떠합니까.

황금주, 백약주, 송주 예주,

죽엽주, 이화주, 오가피주,

앵무잔, 호박잔에 가득 부어,

아, 서로 권하는 광경 그것이 어떠합니까.

(엽) 유영(劉伶)과 도잠(陶潛)의 유영과 도잠의,

아, 취한 모습 그것이 어떠합니까.

붉은 모란, 흰 모란, 진홍 모란,

붉은 작약, 흰 작약, 진홍 작약,

석류 매화, 노란 장미, 지지 동백꽃들이,

아, 사이에 피는 광경 그것이 어떠합니까.

(엽) 합죽과 복숭아 고운 두 화분 합죽과 복숭아 고운 두 화분.

아, 서로 비치는 모습 그것이 어떠합니까.

아양(阿陽)의 거문고, 문탁(文卓)의 피리, 종무(宗武)의 중금,

대어향(帶御香), 옥기향(玉肌香)의 쌍 가야금,

금선(金善)의 비파, 종지(宗智)의 해금, 설원(薛原)의 장고,

아, 밤을 새우는 광경 그것이 어떠합니까.

(엽) 일지홍(一枝紅)의 비낀 피리 소리 일지홍의 비낀 피리 소리,

아, 듣고야 잠들고 싶습니다.

봉래산, 방장산, 영주산의 삼신산,

이 삼신산에 홍루각에 사는 아름다운 신선 아이 데리고,

비단 장막 속에서 주렴을 반을 걷고,

아, 산에 올라 오호(五湖)를 바라보는 광경 그것이 어

떠합니까.

(엽) 푸른 버들 푸른 대 자라는 정자 둔덕에 푸른 버들 푸른 대 자라는 정자 둔덕에,

아, 지저귀는 꾀꼬리가 반갑기도 하구나.

당당당 호두나무 쥐엄나무에,

붉은 실로 붉은 그네를 맵니다.

당기고 있으라 밀고 있으라 정 소년아.

아, 내가 가는 곳에 남이 갈까 두렵구나.

(엽) 옥을 깎은 듯 고운 두 손길에 옥을 깎은 듯 고운 두 손길에,

아, 손을 잡고 같이 노는 모습 그것이 어떠합니까.

元淳文원슌문 仁老詩인노시 公老四六공노ᄉᆞ륙 李正言니졍언 陳翰林딘한림 雙韻走筆솽운주필 沖基對策튱긔ᄃᆡ칙 光鈞經義광균경의 良鏡詩賦량경시부 위 試場시댱ㅅ 景경 긔 엇더ᄒᆞ니잇고 (葉) 琴學士금ᄒᆞᆨᄉᆞ의 玉笋門生옥슌문ᄉᆡᆼ 琴學士금ᄒᆞᆨᄉᆞ의 玉笋門生옥슌문ᄉᆡᆼ 위 날조차 몃부니잇고

○唐漢書당한셔 莊老子쟝로ᄌᆞ 韓柳文集ᄒᆞᆫ류문집 李

杜集니두집 蘭臺集난딕집 白樂天集빅락텬집 毛詩尙書모시샹셔 周易春秋쥬역츈츄 周戴禮記주딕례긔 위 註주조쳐 내외옰 景경 긔 엇더ᄒᆞ니잇고 (葉) 大平廣記태평광긔 四百餘卷ᄉᆞ빅여권 大平廣記대평광긔 四百餘卷ᄉᆞ빅여권 위 歷覽력남ㅅ 景경 긔 엇더ᄒᆞ니잇고

○眞卿書진경셔 飛白書비빅셔 行書草書힝셔초셔 篆籒書뎐류셔 蝌蚪書과두셔 虞書南書우시남셔 羊鬚筆양슈필 鼠鬚筆셔슈필 빗기 드러 위 딕논 景경 긔 엇더ᄒᆞ니잇고 (葉) 吳生劉生오싱류싱 兩先生량션싱의 吳生劉生오싱류싱 兩先生량션싱의 위 走筆주필ㅅ 景경 긔 엇더ᄒᆞ니잇고

○黃金酒황금쥬 栢子酒빅ᄌᆞ쥬 松酒醴酒숑쥬례쥬 竹葉酒듀엽쥬 梨花酒리화쥬 五加皮酒오가피쥬 鸚鵡盞잉무잔 琥珀盃호박비예 ᄀᆞ득 브어 위 勸上권상ㅅ 景경 긔 엇더ᄒᆞ니잇고 (葉) 劉伶陶潛류령도즘 兩仙翁량션옹의 劉伶陶潛류령도즘兩仙翁 량션옹의 위 醉취혼 景경 긔 엇더ᄒᆞ니잇고

○紅牧丹홍모단 白牧丹빅모단 丁紅牧丹뎡홍모단 紅芍藥홍작약 白芍藥빅작약 丁紅芍藥뎡홍작약 御柳玉梅어류옥미 黃紫薔薇황ᄌᆞ장미 芷芝冬栢지지동빅 위 間發간발ㅅ 景경 긔 엇더ᄒᆞ니잇고 (葉) 合竹桃花합듁도화 고온

두분 合竹桃花합죡도화 고온 두분 위 相暎샹영ㅅ 景경 긔 엇더ᄒᆞ니잇고

○阿陽琴아양금 文卓笛문탁뎍 宗武中琴종무듕금 帶御香ᄃᆡ어항 玉肌香옥긔항 雙伽倻솽개야ㅅ고 金善琵琶금션비파 宗智嵇琴종디히금 薛原杖鼓셜원당고 위 過夜과야ㅅ 景경 긔 엇더ᄒᆞ니잇고 (葉) 一枝紅일지홍의 빗근 笛吹뎍취 一枝紅일지홍의 빗근 笛吹뎍취 위 듣고아 줌드러지라

○蓬萊山봉릐산 方丈山방댱산 瀛洲三山영쥬삼산 此三山ᄎᆞ삼산 紅樓閣홍류각 婥妁仙子쟉약션ᄌᆞ 綠髮額子록발ᄋᆡᆨᄌᆞ 錦繡帳裏금슈당리 珠簾半捲쥬렴반권 위 登望五湖등망오호ㅅ 景경 긔 엇더ᄒᆞ니잇고 (葉) 綠楊綠竹록양록듁 栽亭畔ᄌᆡ뎡반애 綠楊綠竹록양록듁 栽亭畔ᄌᆡ뎡반애 위 囀黃鸚뎐황잉 반갑두세라

○唐唐唐당당당 唐楸子당츄ᄌᆞ 皂莢조협남긔 紅홍실로 紅홍글위 ᄆᆡ요이다 혀고시라 밀오시라 鄭少年뎡쇼년하 위 내가논ᄃᆡ 놈 갈셰라 (葉) 削玉纖纖샥옥셤셤 雙手솽슈ㅅ길헤 削玉纖纖샥옥셤셤 雙手솽슈ㅅ길헤 위 携手同遊휴슈동유ㅅ 景경 긔 엇더ᄒᆞ니잇고

14. 만전춘(滿殿春) 별사(別詞)

얼음 위에 댓잎 자리를 펴서 임과 나와 얼어 죽을망정,
얼음 위에 댓잎 자리를 펴서 임과 나와 얼어 죽을망정,
정 둔 오늘 밤 더디 새오시라 더디 새오시라.

뒤척이는 외로운 침상에서 어찌 잠이 오리오.
서쪽 창문을 열어 보니 복숭아꽃이 피었구나.
복숭아꽃은 시름없어 봄바람을 따라 웃는구나 봄바람을 따라 웃는구나.

넋이라도 임과 함께 가고자 했는데,
넋이라도 임과 함께 가고자 했는데,
우기던 사람이 누구였습니까 누구였습니까.

오리야 오리야 여린 비오리야,
여울은 어디 두고 소에 자러 오느냐?
소마저 얼면 여울도 좋으니 좋으니.

남산에 자리를 보고 옥산을 베고 누워,

금수산 이불 안에 사향 각시를 품고 누워,
남산에 자리를 펴서 옥산을 베고 누워,
금수산 이불 안에 사향 각시를 안아 누워,
약 든 가슴을 맞춥니다 맞춥니다.

아소서 임이시여, 평생토록 이별할 줄 모르며 지내오소서.

어름 우희 댓닙자리 보와 님과 나와 어러 주글만뎡 어름 우희 댓닙자리 보와 님과 나와 어러 주글만뎡 情정둔 오ᄂᆞᆳ 범 더듸 새오시라 더듸 새오시라

○耿耿경경 孤枕上고침샹애 어느 ᄌᆞ미 오리오 西窓셔창을 여러ᄒᆞ니 桃花도화ㅣ 發발ᄒᆞ두다 桃花도화ᄂᆞᆫ 시름업서 笑春風쇼츈풍ᄒᆞᄂᆞ다 笑春風쇼츈풍ᄒᆞᄂᆞ다

○넉시라도 님을 ᄒᆞᆫᄃᆡ 녀닛景경 너기다니 넉시라도 님을 ᄒᆞᆫᄃᆡ 녀닛景경 너기다니 벼기더시니 뉘러시니잇가 뉘러시니잇가

○올하 올하 아련 비올하 여흘란 어듸 두고 소해 자라 온다 소콧 얼면 여흘도 됴ᄒᆞ니 여흘도 됴ᄒᆞ니

○南山남산애 자리 보와 玉山옥산을 벼여 누어 錦繡山금슈산 니블 안해 麝香샤향 각시를 아나 누어 南山남산

애 자리 보와 玉山옥산을 벼어 누어 錦繡山금슈산 니블 안해 麝香샤향 각시를 아나 누어 藥약든 가슴을 맛초ᄋᆞᆸ사이다 맛초ᄋᆞᆸ사이다

○아소 님하 遠代平生원ᄃᆡ평ᄉᆡᆼ애 여힐 ᄉᆞᆯ 모ᄅᆞᄋᆞᆸ새

15. 화산별곡(華山別曲)

화산(華山)의 남쪽, 한수(漢水)의 북쪽은 조선의 뛰어난 곳,

백옥경, 황금 궁궐은 평평하고 훤하게 통하는 곳,

봉황이 솟고 용이 날듯, 하늘이 만든 형세는 풍수지리에 알맞은 곳,

아아, 도읍의 광경 그 어떠합니까.

(엽) 태조 태종께서 창업하고 계책을 물려주셨으니, 태조 태종께서 창업하고 계책을 물려주셨으니,

아아, 지키는 모습 어떠합니까.

세종께서 선양(禪讓)받아 천명을 받들어 광명정대하게 하시도다.

도적을 금하시고 장사를 통하게 하시고 일본을 회유하고 굴복시키매,

조상의 뜻을 계승하고 천지가 조화롭고 사방은 평화로우니,

아아, 태평한 광경 그 어떠합니까.

(엽) 지성으로 충효하시고 도리로써 인국과 교류하니,

지성으로 충효하시고 도리로써 인국과 교류하니,

아아, 두 가지 모두 얻으신 모습 그 어떠합니까.

경외심을 보존하고 욕심을 경계해 인의를 몸소 실천하시도다.

경연을 열고 경서와 사서를 보시니 학문은 천도와 인도에 통달하셨으며,

집현전을 두어 때때로 강학하고 봄가을에는 글을 짓게 하시니,

아아, 문을 숭상하시는 광경 어떠합니까.

(엽) 하늘이 내신 성군이여 도달한 학문이 아름다우시니, 하늘이 내신 성군이여 도달한 학문이 아름다우시니,

아아, 예나 지금의 모습 그 어떠합니까.

병서에 맞게 훈련시키고, 진법을 가르치며, 제식 훈련 또한 익히게 하시며,

때에 맞게 넓은 빈터 택해 봄가을 사냥하시였도다.

많은 말들 우렛소리 내며 달리나, 모두 죽이지는 아니하며, 즐거움도 절제하시니,

아아, 무예 익히는 광경 그 어떠합니까.

(엽) 염려하시되 돌아보지 않으시고, 편안할 때 위태로

움을 생각하시니, 염려하시되 돌아보지 않으시고, 편안할 때 위태로움을 생각하시니,

아아, 준비하는 모습 그 어떠합니까.

하늘의 재앙 두려워하시고, 백성의 궁함을 딱히 여겨, 제사를 정성스럽게 모셨도다.

충신을 등용하고, 간신을 물리치며, 형벌을 내림에 신중히 하시도다.

옛것을 상고해 현재 일을 의논하고, 밤낮으로 정사에 힘쓰고 삼가시니,

아아, 게으름 없는 광경 그 어떠합니까.

(엽) 하늘이 성군을 내어 백성들에게 은혜를 내리시니,
하늘이 성군을 내어 백성들에게 은혜를 내리시니,

아아, 천세를 누리소서.

경회루(慶會樓) 광연루(廣延樓) 높이 솟아 넓고 훤하도다.

막힌 것을 없애고 맑은 기운 서려 있어 하늘 밖으로 눈빛 따라 바라보니,

강, 산, 바람, 달의 경치가 수시로 변하니, 막힌 속이 풀어지는도다.

아아, 올라 바라보는 광경 어떠합니까.

(엽) 봉래(蓬萊) 방장(方丈) 영주(瀛洲) 삼산, 봉래 방장 영주 삼산,

아아, 어느 곳에서 찾을 수 있으리오.

자애에 이르고, 효에 이르니, 부자의 도를 천성으로 함께 즐겼도다.

임금은 인에 이르고 신하는 공경에 이르니 밝은 임금과 어진 신하 서로 만났도다.

천하의 근심으로 먼저 하시고 천하의 즐거움을 뒤에 하시나, 즐김에 음란함이 없으시니,

아아, 잔치하는 광경 그 어떠합니까.

(엽) 하늘이 성군을 내시어 백성의 부모 되게 하시니, 하늘이 성군을 내시어 백성의 부모 되게 하시니,

아아, 만세를 누리소서.

농사와 양잠을 권장하시고, 백성의 삶을 두텁게 하시어 나라 근본을 북돋우시며,

예양을 높이고, 충신을 숭상하시어 백성의 마음을 굳게 묶으시니,

덕택이 빛나고 풍화가 무젖어 칭송의 소리 넘쳐 나도다.

아아, 길이 다스림의 광경 그 어떠합니까.

(엽) 화산 한수 조선 왕업, 화산 한수 조선 왕업,

아아, 함께 오래할 모습 그 어떠합니까.

華山南화산람 漢水北한슈븍 朝鮮勝地됴션승디 白玉京빅옥경 黃金闕황금궐 平夷洞達평이동달 鳳峙龍翔봉티룡샹 天作形勢텬작형셰 經緯陰陽경위음양 위 都邑도읍ㅅ 景경 긔 엇더ᄒᆞ니잇고 (葉) 太祖太宗태조태종 創業貽謀창업이모 太祖太宗태조태종 創業貽謀창업이모 위 持守디슈ㅅ 景딩 긔 엇더ᄒᆞ니잇고

○納受禪납슈션 上稟命샹품명 光明正大광명졍대 禁草竊금초졀 通商賈통샹고 懷服倭邦회복왜방[105] 善繼善述선계선슐[106] 天地交泰텬디교태 四境寧一ᄉᆞ경령일 위 太平대평ㅅ 景경 긔 엇더ᄒᆞ니잇고 至誠忠孝지셩튱효 睦隣以道목린이도 至誠忠孝지셩튱효 睦隣以道목린이도 위 兩得량득ㅅ 景경 긔 엇더ᄒᆞ니잇고

○存敬畏존경외 戒逸欲계일욕 躬行仁義궁힝인의 開經筵기경연 覽經史람경ᄉᆞ 學貫天人ᄒᆞᆨ관텬인[107] 置殿集

---

105) 회복왜방(懷服倭邦) : 일본을 복종케 하고 회유함.

106) 선계선술(善繼善述) : 조상의 뜻을 받고 계승해 가는 일.

賢티뎐집현 四時講學ᄉᆞ시강혹 春秋製述쵼츄제슐 위 右文우문ㅅ 景경 긔 엇더ᄒᆞ니잇고 (葉) 天縱之聖텬죵지성108) 學文之美혹문지미 天縱之聖텬죵지셩 學文之美혹문지미 위 古今고금ㅅ 景경에 몃부니잇고

○訓兵書훈병셔 敎陣法교딘법 以習坐作이습좌작 順時令슌시령 擇閑曠튁한광 不廢蒐狩블폐수슈 萬騎雷鶩만긔뢰무 殺不盡物살블진믈 樂不極盤락블극반 위 講武강무ㅅ 景경 긔 엇더ᄒᆞ니잇고 (葉) 長慮却顧댱려각고 安不忘危안블망위 長慮却顧댱려각고 安不忘危안블망위 위 預備예비ㅅ 景경 긔 엇더ᄒᆞ니잇고

○懼天災구텬직 憫人窮민안궁 克謹祀事극근ᄉᆞᄉᆞ 進忠直진튱딕 退奸邪퇴간샤 欽恤刑罰흠휼형벌109) 考古論今고고론금 夙夜圖治슉야도티 日愼一일신일일日 위 無逸무일ㅅ 景경 긔 엇더ᄒᆞ니잇고 (葉) 天生聖主텬싱셩쥬 以惠東人이혜동인 天生聖主텬싱셩쥬 以惠東人이혜동인 위 千歲쳔세를 누리쇼셔

○慶會樓경회루 廣延樓광연루 崔嵬敞割최외창힐 輯

---

107) 학관천인(學貫天人) : 학문이 천도와 인도를 통한 사람, 여기서는 세종을 가리킴.

108) 천종지성(天縱之聖) : 하늘이 내린 성인, 여기서는 세종을 가리킴.

109) 흠휼형벌(欽恤刑罰) : 형벌을 내리되 삼가고 긍휼히 여김.

煙氛즙연분 納灝氣납호긔 遊目天表유목텬표 江山風月강산풍월 景槩萬千경개만쳔 宣暢鬱堙션탕올연 위 登覽등남ㅅ 景경 긔 엇더ᄒᆞ니잇고 (葉) 蓬萊方丈봉릭방댱 瀛洲三山영쥬삼산 蓬萊方丈봉릭방댱 瀛洲三山영쥬삼산 위 어딕가 어드리잇고

○止於慈지어자 止於孝지어효 天性同텬셩동환歡 止於仁지어인 止於敬지어경 明良相得명량샹득 先天下憂션텬하우 後天下樂후텬하락 樂而不淫락이블음 위 侍宴시연ㅅ 景경 긔 엇더ᄒᆞ니잇고 (葉) 天生聖主텬싱셩쥬 父母東人부모동인 天生聖主텬싱셩쥬 父母東人부모동인 위 萬歲만셰를 누리쇼셔

○勸農桑권롱상 厚民生후민싱 培養邦本비양방본 崇禮讓숭례양 尙忠信상튱신 固結民心고결민심 德澤之克덕튁지극 風化之洽풍화지흡 頌聲洋溢숑셩양일 위 長浴당티ㅅ 景경 긔 엇더ᄒᆞ니잇고 (葉) 華山漢水화산한슈 朝鮮王業됴션왕업 華山漢水화산한슈 朝鮮王業됴션왕업 위 幷久병구ㅅ 景경 긔 엇더ᄒᆞ니잇고

16. 오륜가(五倫歌)

음과 양이 나뉘고, 위와 아래가 자리 잡히니 하늘은 높고 땅은 낮도다.

만물을 내고, 백성들을 두텁게 하기 위해 대대로 성현을 내셨도다.

인의예지, 삼강오륜, 떳떳하게 타고난 덕,

아아, 만고에 흘러가는 광경 그 어떠합니까.

(엽) 복희(伏羲) 신농(神農) 황제(黃帝) 요순(堯舜), 복희 신농 황제 요순,

아아, 법칙을 세운 모습 그 어떠합니까.

아버지는 하늘이요, 어머니는 땅과 같으니 나를 낳고 기르느라 고생하셨도다.

젖 먹여 기르시고, 의리로 가르치셨으니 은혜를 갚으려 하네.

맹종(孟宗)이 대밭에서 눈물 흘리니 죽순이 나고, 왕상(王祥)이 얼음을 두드리니 물고기가 올랐으니 지극한 정성으로 신을 감동시켰네.

아아, 늙은 부모 봉양하는 광경 그 어떠합니까.

(엽) 증삼(曾參) 민자(閔子) 두 선생의, 증삼 민자 두 선생의,

아아, 저녁 잠자리와 새벽 문안하는 모습 그 어떠합니까.

간언 듣는 임금, 충성 다하는 신하는 인과 의에 살도다.

문덕을 숭상하고, 무기를 감추어 두니 백성이 그 처할 곳을 얻었도다.

밭 갈아 밥 먹고, 우물 파서 물 먹는, 배불리 먹고 배 두드리는 태평성대에,

아아, 요순시절을 회복한 광경 그 어떠합니까.

(엽) 기린이 반드시 오고 봉황이 늠름하게 오니, 기린이 반드시 오고 봉황이 늠름하게 오니,

아아, 상서로운 모습 그 어떠합니까.

남자는 장가를 가서 아내를 얻고, 여자는 시집을 가니 이는 하늘이 배필을 정한 것이로다.

쌍 기러기 들고, 두 성이 합하매 길한 날을 택하니,

부부의 정이 마치 거문고와 비파를 타는 듯하고 부부가 서로 따르도다.

아아, 화락한 광경 그 어떠합니까.

(엽) 평생 함께할지니, 평생 함께할지니,
아아, 언약하는 모습 그 어떠합니까.

형과 아우는 서로 아끼고 시기함이 없으며,
안에서 싸울지언정 밖에서는 업신여김 막고 생사 간에 서로 구해 주도다.
형은 아우에게 공손하고, 아우는 형에게 순종해, 질서가 있으니 화락하도다.
아아, 사양하는 광경 그 어떠합니까.
(엽) 백이숙제(伯夷叔齊) 두 성인의, 백이숙제 두 성인의,
아아, 서로 양보하는 모습 그 어떠합니까.

좋은 벗 셋, 해로운 벗 셋이 있으니 착한 이를 택할지니,
그 덕으로 나를 보충하고, 그 선으로 나를 책하매 오랜 벗을 잊지 아니하네.
술 있으면 걸러 오고, 없으면 술 사다가 술 마시고 춤을 추니,
아아, 정성을 드러내는 광경 그 어떠합니까.
(엽) 안평중(晏平仲)의 좋은 사귐, 안평중의 좋은 사귐,
아아, 오래도록 공경하는 모습 그 어떠합니까.

判陰陽판음양 位高下위고하 天尊地卑텬존디비 生萬物싱만믈 厚黎民후려민 代作聖賢딕작셩현 仁義禮智인의례디 三綱五常산강오샹 秉彛之병이지턱德 위 萬古流行만고류힝ㅅ 景경 긔 엇더ᄒᆞ니잇고 (葉) 伏羲神農복희신롱 皇帝堯舜황뎨요슌 伏羲神복희신롱農皇帝堯舜 황뎨요슌 위 立極님극ㅅ 景경 긔 엇더ᄒᆞ니잇고

○父爲天부위텬 母爲地모위디 生我劬勞싱아구로 養以乳양이유 敎以義교이의 欲報鴻恩욕보홍은 泣竹笋生읍듁슌싱110) 扣氷魚躍고빙어약111) 至誠感神지셩감신 위 養老양로ㅅ 景경 긔 엇더ᄒᆞ니잇고 (葉) 曾參閔子증숨민ᄌᆞ 兩先生량션싱의 曾參閔子증숨민ᄌᆞ 兩先生량션싱의 위 定省뎡셩ㅅ 景경 긔 엇더ᄒᆞ니잇고

○納諫君납간군 盡忠臣진튱신 居仁有義거인유의 尙文德상문덕 韜武功도무공 民得其所민득기소 耕田鑿井경뎐착정 含飽鼓腹함포고복 大平盛代대평셩딕 위 復唐虞복당우ㅅ 景경 긔 엇더ᄒᆞ니잇고 (葉) 麒麟必至긔린필지

---

110) 읍죽순생(泣竹笋生) : 맹종(孟宗)이 한겨울에 죽순을 찾아 우니 죽순이 솟아나 그것으로 효도를 다함.

111) 구빙어약(扣氷魚躍) : 왕상(王祥)이 한겨울에 얼음 위에서 우니, 갑자기 잉어가 솟아나 그것으로 효도를 다함.

鳳凰來儀봉황릭의 麒麟必至긔린필지 鳳凰來儀봉황릭의 위 祥瑞샹셔ㅅ 경景 긔 엇더ᄒᆞ니잇고

○男有室남유실 女有家려유가 天定其配텬뎡기빅 納雙鴈남솽안 合二姓합이셩 文定厥祥문뎡궐샹 情勢好合정셔호합 如鼓瑟琴여고슬금 夫唱婦隨부창부슈 위 和樂화락ㅅ 景경 긔 엇더ᄒᆞ니잇고 (葉) 百年偕老빅년힉로 死則同穴ᄉᆞ즉동혈 百年偕老빅년힉로 死則同穴ᄉᆞ즉동혈 위 言約언약ㅅ 景경 긔 엇더ᄒᆞ니잇고

○兄及弟형급데 式相好식샹호 無相猶矣무샹유의112) 鬩于墻격우장 外禦侮외어모113) 死生相救ᄉᆞ싱샹구 兄恭弟順형공데슌 秩然有序딜연유셔 和樂且湛화락차담 위 讓義양의ㅅ 景경 긔 엇더ᄒᆞ니잇고 (葉) 伯夷叔齊빅이슉제 兩聖人량셩인의 伯夷叔齊빅이슉제 兩聖人량셩인의 위 相讓샹양ㅅ 景경 긔 엇더ᄒᆞ니잇고

○益友三익우삼 損友三손우삼 擇其善從튁기션죵 補其德보기덕 責其善칙기션 無忘故舊무망고구 有酒湑我유슈서아 無酒沽我무쥬고아 蹲蹲舞我준준무아 위 表誠표

---

112) 식상호 무상유의(式相好 無相猶矣) : 서로 아끼고 시기함이 없는 형제간의 우애.

113) 혁우장 외어모(鬩于墻 外禦侮) : 형제가 안에서 싸우더라도 밖에서는 업신여김을 함께 막아 냄.

셩ㅅ 景경 긔 엇더ᄒᆞ니잇고 (葉) 晏平仲안평듕의 善與人交션여인교 晏平仲안평듕의 善與人交션여인교 위 久而敬之구이경지ㅅ 景경 긔 엇더ᄒᆞ니잇고

17. 연형제곡(宴兄弟曲)

아버님 날 낳으시고, 어머님 날 기르시니 형제는 한 가지라.

강보를 면하고, 알록달록한 옷을 입고, 대나무 말 타고 놀며,

같은 밥상에서 밥 먹고, 같은 곳에서 놀며, 날마다 함께 지내지 않은 날이 없도다.

아아, 서로 사랑하는 광경 그 어떠합니까.

(엽) 타고난 지혜와 능력은 하늘이 주는 것, 타고난 지혜와 능력은 하늘이 주는 것,

아아, 본성을 따르는 모습 그 어떠합니까.

스승님께 나아가 어려서부터 예의를 배우니 사리를 깨달아 알게 되도다.

혹은 글자로 혹은 대구로 서로 즉시 본받는 보람이 있으니,

너와 내가 날로 힘쓰고, 달로 노력하며, 아침에 배우고 저녁에는 복습하도다.

아아, 서로 힘쓰는 광경 그 어떠합니까.

(엽) 바른 자는 바르지 못한 자를 기르고, 재주 있는 자는 재주 없는 자를 기르니, 바른 자는 바르지 못한 자를 기르고, 재주 있는 자는 재주 없는 자를 기르니,

아아, 덕으로 나아가는 모습 그 어떠합니까.

〈상체(常棣)〉를 노래하고, 〈행위(行葦)〉를 읊으면서 그 우애를 돈독히 하고,

〈각궁(角弓)〉을 외우고, 〈갈류(葛藟)〉를 읽으면서 형제애의 엷어짐을 경계하나니,[114]

어찌 다른 사람들이 없겠는가마는 아버님을 같이한 형제만은 못한 것이니, 형제는 하늘이 내린 날개처럼 서로가 돕는구나.

아아, 천륜을 두텁게 하는 광경 그 어떠합니까.

(엽) 평생의 근심과 기쁨을 수족처럼 서로 의지하고 나누니, 평생의 근심과 기쁨을 수족처럼 서로 의지하고 나누니,

아아, 오래도록 좋아하는 모습 그 어떠합니까.

---

114) 〈상체〉는 형제 우애를 강조한 노래, 〈행위〉는 부형들과 노인들을 위로한 노래, 〈각궁〉은 종족들이 서로 미워한 것을 비난하는 노래 그리고 〈갈류〉는 주나라가 쇠퇴하자 왕족들이 환왕을 비난하는 노래임.

세종은 큰 덕으로 왕위에 오르고, 용을 타고 하늘에 오르듯 임금이 되셨도다.

양녕 효령대군도 공경하며, 삼가 명분에 맞게 행하매 신하로서 직분을 바로 지키셨도다.

큰 베개 같이 베고, 이불을 같이 덮듯 형제는 근원을 감싸 주며 날로 경계하고 삼가니,

아아, 둘 모두 온전한 광경 그 어떠합니까.

(엽) 하늘은 높고 땅은 낮으나 정과 뜻은 서로 통하니, 하늘은 높고 땅은 낮으나 정과 뜻은 서로 통하니,

아아, 틈 없는 모습 그 어떠합니까.

임금의 사랑은 깊고, 신하의 공경함은 지극하매 천지신명과 통했도다.

다스림이 집안에서 비롯되고, 정사에서 비롯되어 백성의 인(仁)을 일으키게 되었나니,

풍속이 순박하고 아름다워 조화를 이루게 되니 상서로움이 이르렀도다.

아아, 태평하게 다스려지는 광경 그 어떠합니까.

(엽) 덕으로 순종해 느끼는 바라 만복이 찾아오니, 덕으로 순종해 느끼는 바라 만복이 찾아오니,

아아, 임금의 만수무강과 국가의 창성한 모습 그 어떠

합니까.

父生我부싱아 母育我모륙아 同氣連枝동긔련지 免襁褓면강보 着斑襴탁반란 竹馬嬉戱듁마희희 食必同案식필동안 遊必共方유필공방 無日不偕무일블히 위 相愛샹이ㅅ 景경 긔 엇더ᄒᆞ니잇고 (葉) 良知良能량디량능 天賦使然텬부ᄉᆞ연 良知良能량디량능 天賦使然텬부ᄉᆞ연 위 率性솔셩ㅅ 景경 긔 엇더ᄒᆞ니잇고

○就外傅취외부 學幼儀ᄒᆞᆨ유의115) 曉解事理효히ᄉᆞ리 或書字혹셔ᄌᆞ 或對句혹ᄃᆡ구 互相則效호샹즉효 我日斯邁아일ᄉᆞ매 而月斯征이월ᄉᆞ정 朝益暮習됴익모습 위 相勉샹면ㅅ 景경 긔 엇더ᄒᆞ니잇고 (葉) 中養不中듕양블듕 才養不才ᄌᆡ양블ᄌᆡ 中養不中듕양블듕 才養不才ᄌᆡ양블ᄌᆡ 위 進德진덕ㅅ 景경 긔 엇더ᄒᆞ니잇고

○歌上棣가상톄 詠行葦영힝위 敦其友愛돈기우이 誦角弓숑각궁 觀葛藟관갈류 戒其衰薄계기쇠박 豈無他人긔무타인 不如同父블여동부 天生羽翼텬싱우익 위 厚倫후륜ㅅ 경景 긔 엇더ᄒᆞ니잇고 (葉) 百年憂樂ᄇᆡᆨ년우락 手足

115) 취외부 학유의(就外傅 學幼儀) : 스승에게 나아가고 어려서부터 예의를 배움.

相須슈쪽샹슈 百年憂樂빅년우락 手足相須슈쪽샹슈 위 永好영호ㅅ 景경 긔 엇더ᄒ니잇고

○有大德유대덕 履大位리대위 乘龍御天승룡어텬 抱兼恭포겸공 謹名分근명분 格守臣職격슈신직 長枕大被댱침대피116) 以庇本根이비본근 惟日戒愼유일계신 위 兩全량전ㅅ 景경 긔 엇더ᄒ니잇고 (葉) 天尊地卑텬존디비 情意交通졍의교통 天尊地卑텬존디비 情意交通졍의교통 위 無間무간ㅅ 景경 긔 엇더ᄒ니잇고

○愛之深ᄋ지심 敬之至경지지 通于神明통우신명 始于家시우가 始于政시어졍 民興於仁민흥어인 風淳俗美풍슌쇽미 熏爲大和훈위대화 産祥致瑞산샹티셔 위 泰治태티ㅅ 景경 긔 엇더ᄒ니잇고 (葉) 順德所感슌덕소감 萬福來崇만복릭슝 順德所感슌덕소감 萬福來崇만복릭슝 위 壽昌슈챵ㅅ 景경 긔 엇더ᄒ니잇고

---

116) 장침대피(長枕大被) : 형제가 큰 베개를 같이 베고 한 이불을 덮고 잠자는 것으로 형제간의 우애를 말함.

18. 상대별곡(霜臺別曲)

화산의 남쪽, 한강의 북쪽은 천년 동안 내려온 명승지에,

광통교를 지나 운종가로 들어가면,

낙락장송 우거지고, 오래되고 우뚝하게 자란 잣나무에 에워싸인 서릿발 같은 사헌부가 있도다.

아아, 오랜 세월 동안 변함없이 청렴결백한 맑은 바람 부는 광경 그 어떠합니까.

영웅호걸이며 당대의 인재여, 영웅호걸이며 당대의 인재여,

아아, 나를 포함해서 모두 몇 분입니까.

닭이 울어 날 밝을 때, 도성의 긴 제방의 죽 뻗은 길로,

대사헌과 늙은 집의 그리고 대장 어사가,

학 무늬 가마와 난새 무늬 수레를 타고 가는데, 앞에서는 잡인을 막아 꾸짖고 뒤에서는 옹위해 좌우를 물리치는구나.

아아, 사헌부에 등청하는 광경 그 어떠합니까.

엄숙하도다 사헌부의 관리여, 엄숙하도다 사헌부의 관리여,

아아, 쇠퇴한 기강을 떨쳐 일으키는 모습 그 어떠합니까.

각방 소속된 관원들이 대사헌에게 재배한 이후 대청에 모여 앉아,

법도를 바로잡고, 의리를 밝히며, 고금의 사례를 검토하고 참작해,

시정의 득실과 백성의 이해의 폐단을 바로잡는 일을 구해 주네.

아아, 문서 올리는 광경 그 어떠합니까.

임금이 밝고 신하가 곧은 태평성대에, 임금이 밝고 신하가 곧은 태평성대에,

아아, 임금이 물 흐르듯 간언을 따르는 모습 그 어떠합니까.

의논 후 공무가 끝나면 방주감찰과 유사는,

의관 벗고 서로 선생이라 부르며 섞어 앉아,

진귀한 음식을 놓고 좋은 술을 화려한 술잔에 가득 부어,

아아, 권해 올리는 광경 그 어떠합니까.

즐겁도다 선생 감찰이여, 즐겁도다 선생 감찰이여,

아아, 취하는 모습 그 어떠합니까.

초나라 연못가에서 술 깬 채 읊조리는 굴원(屈原) 같은 삶이 너는 좋으냐,
녹문산에 일생 동안 숨어 지내는 방덕공(龐德公) 같은 삶이 너는 좋으냐,
현명한 임금과 어진 신하가 서로 만나는 태평성대에,
청총마(靑驄馬) 타고 모인 잔치가 나는 좋구나.

華山南화산람 漢水北한슈븍 千年勝地쳔년승디 廣通광통교橋 雲鍾街운죵개 건나드러 落落長松락락댱숑 亭亭古栢뎡뎡고ᄇᆡᆨ 秋霜烏府츄상오부 위 萬古淸만고쳥풍風ㅅ 경景 긔 엇더ᄒᆞ니잇고 (葉) 英雄豪傑영웅호걸 一時人才일시인ᄌᆡ 英雄豪傑영웅호걸 一時人才일시인ᄌᆡ 위 날조차 몃분니잇고

○鷄旣鳴계긔명 天欲曉텬욕효 紫陌長堤ᄌᆞᄆᆡᆨ댱뎨 大司憲대ᄉᆞ헌 老執義로집의 臺長御史ᄃᆡ댱어ᄉᆞ 駕鶴驂鸞가학참난 前阿後擁젼아후옹 辟除左右벽뎨자우 위 上臺샹ᄃᆡㅅ 景경 긔 엇더ᄒᆞ니잇고 (葉) 싁싁ᄒᆞᆫ뎌 風憲所司풍헌소ᄉᆞ 싁싁ᄒᆞᆫ뎌 風憲所풍헌소ᄉᆞ司 위 振起頹綱진긔퇴강ㅅ 景경 긔 엇더ᄒᆞ니잇고

○各房拜각방비 禮畢後례필후 大廳齊坐대텽제좌 正其道졍기도 明其義명기의 參酌古今참작고금 時政得失시졍득실 民間利害민간니해 救弊條條구폐됴됴 위 징상狀上ㅅ 景경 긔 엇더ᄒᆞ니잇고 (葉) 君明臣直군명신딕 大平盛代대평셩듸 君明臣直군명신딕 大平盛代대평셩듸 위 從諫如流죵간여류ㅅ 景경 긔 엇더ᄒᆞ니잇고

○圓議後원의후 公事畢공ᄉᆞ필 房主有司방쥬유ᄉᆞ 脫衣冠탈의관 呼先生호션싱 섯거안자 烹龍炮鳳핑룡포봉 黃金醴酒황금례쥬 滿鏤臺盞만루듸잔 위 勸上권샹ㅅ 景경 긔 엇더ᄒᆞ니잇고 (葉) 즐거온뎌 先生監察션싱감찰 즐거온뎌 先生監察션싱감찰 위 醉취ᄒᆞᆫ 景경 긔 엇더ᄒᆞ니잇고

○楚澤醒吟초튁셩음이아 녀는 됴ᄒᆞ녀 鹿門長往록문댱왕이아 너는 됴ᄒᆞ녀 明良相遇명량샹우 河清盛代히쳥셩듸예 驄馬會集춍마회집이아 난 됴하이다

해설

《악장가사》의 이본은 모두 3종으로 일본 교토대학(京都大學) 부속도서관 소장 호사문고본(蓬左文庫本), 전남 해남 윤선도 종택 소장 윤씨본(尹氏本) 그리고 한국정신문화연구원 장서각(藏書閣) 소장 장서각본(등록번호 41038705) 등이 그것들이다.

이 이본들은 외형적 차이는 거의 찾을 수 없으나, 작품 수와 편철(編綴)된 순서에서 큰 차이를 보이고 있다. 이것은 처음 편찬된 이후 수정과 개찬에 따라 작품의 증감이 있었기 때문이라 생각한다.

세 이본의 표제가 호사문고본은 '속악가사(俗樂歌詞) 상(上)', 윤씨본은 '아속가사(雅俗歌詞)', 장서각본은 '악장가사(樂章歌詞)'로 각각 다른데, 이는 인본(印本)인 경우 별도로 표제 활자를 마련하지 않기 때문에 소장자가 임의로 제목을 적는 관행에서 비롯된 것이다.

구성으로 보면 세 이본 모두 〈아악가사〉, 〈속악가사〉, 〈가사〉 이상 세 부분으로 이루어져 있으나, 그 순서가 호사문고본은 '속악가사－가사－아악가사'로, 윤씨본은 '아악가사－속악가사－가사'로, 장서각본은 '속악가사－아악가사－가사'로 되어 있다. 이렇게 이본마다 편철이 다르게 된 이유는 어떤 부분에 추가된 작품이 있을 때 위치가 달라진 점을 고려한다면, 새로 보완된 부분을 부각하기 위해 순서를 조정했기 때문으로 보인다.

작품 수에 있어서는 〈가사〉 부분을 제외한 〈아악가사〉와 〈속악가사〉의 경우 큰 차이를 보인다. 호사문고본을 기준으로 놓고 볼 때 윤씨본은 문선왕악장(文宣王樂章)이 7편에서 10편으로 늘어났고, 장서각본에서는 문선왕악장이 다시 7편으로 환원되었지만 대보단악장(大報壇樂章) 5편과 비궁속악(閟宮俗樂) 11편과 무안왕묘악가(武安王廟樂歌) 3편을 더 싣고 있다.

호사문고본《악장가사》의 최초 편찬 시기에 대해 지금까지 여러 설이 제기되어 왔으나 〈중광〉의 창작 시기와 주변 정보를 이용하면 어느 정도 가늠할 수 있다. 〈중광〉 악장은《악장가사》 소재 작품 가운데 가장 늦은 시기인 1626년(인조 4)에 제작되었다. 그리고 이 책의 판심이 숙종 무렵부터 보이는 '상하내향이엽화문(上下內向二葉花紋)'이라는 점을 고려한다면 17세기 이후 편찬물임을 알 수 있다. 호사문고본을 비롯한 나머지 이본들의 구체적 편찬 시기를 구체적으로 보면, 호사문고본은 1651년(효종 2)에서 1690년(숙종 16) 사이, 윤씨본은 숙종 재위 기간 중 1690년(숙종 16)부터 1720년(숙종 46) 사이, 그리고 장서각본은 1809년(순조 9)부터 1892년(고종 29년) 사이로 짐작할 수 있다.

《악장가사》의 용도는 수록된 작품을 통해 알 수 있는데, 〈아악가사〉와 〈속악가사〉는 궁중 제례 의식에 사용된 악장을, 〈가사〉는 궁중 잔치용 음악 가사를 수록하고 있으므로 이 책은 궁중 제례 및 잔치용 가사집이라 할 수 있다. 그리고 음악적 측면에서 보면 〈아악가사〉는 아악을 연주하는 제례의 가사, 〈속악가사〉는 속악(향악)을 사용하는 제례의 가사 그리고 〈가사〉는 속악과 당악을 사용하는 연향의 가사로 구분되었음을 알 수 있다. 또한 예제적(禮制的) 측면에서 보면 오례 가운데 제례를 담당하는 길례에는 〈아악가사〉와 〈속악가사〉가, 연향을 담당하는 가례에는 〈가사〉가 쓰이기 때문에 이 역시 편찬을 고려하는 대상이 된 것임을 짐작할 수 있다.

이처럼 《악장가사》는 '궁중의 제례와 연향에 사용된 가사집'이라는 점을 통해 볼 때, 편찬 주체는 궁중 음악 담당자 혹은 부서임을 알 수 있다. 일부에서는 16세기를 살았던 민간인 박준이 편찬했다는 주장이 있어 왔으나, 이 책에는 17세기의 노래가 실려 있고 노래의 용도가 궁중 전용

임을 상기할 때 이와 같은 주장은 재고되어야 할 것으로 생각한다. 사정이 이와 같다면 《악장가사》의 편찬 주체는 궁중 제례 및 연향과 관계된 이들이며, 구체적으로 조선 시대 궁중 음악을 총괄했던 장악원 혹은 소속 장악원 소속 관원들이라 할 수 있다.

악서(樂書)의 흐름에서 볼 때, 조선 후기 17세기 후반 장악원에서 편찬된 《악장가사》의 의의는 매우 중요하다고 할 수 있다. 《악장가사》 편찬 이전의 궁중 악서가 악보(樂譜) 무보(舞譜) 위주였던 점과 달리 순수 가사 위주의 악서 출현은 악서의 흐름 가운데 큰 변화라 할 수 있기 때문이다. 그리고 《악장가사》는 구비 전승의 국문 가사를 여러 악서의 영향을 받아 기록한 점에서 국문 가사의 기록 전통을 계승했다는 점에서도 의의를 찾을 수 있다. 이처럼 《악장가사》는 예악서의 전문화 · 분화 편찬의 흐름 속에서 《악학궤범》, 《시용향악보》, 《양금신보》 등에서 보여준 국문 가사 수록 전통을 계승해 17세기 궁중에서 편찬된 가사 위주의 최초 시용 · 상용 악서라 할 수 있으며, 이런 전통은 《악학편고》와 《교합가집》에 영향을 주었다고 할 수 있다.

옮긴이에 대해

김명준(金明俊)은 고려대학교 국어국문학과에서 학사, 석사, 박사 학위를 취득했으며, 고려대, 상지대, 충북대, 상지대 강사, 고려대학교 초빙 교수, 파키스탄 국립외국어대학교 한국어학과 조교수 및 학과장을 역임했다. 지금은 한림대학교 국어국문학과에서 교수로 재직하고 있다.

저서로는 《조선 중기 시가와 자연》(공저, 2002), 《악장가사 연구》(2004, 문화관광부 우수학술도서), 《한국 고전시가의 모색》(2008), 《중세 동서 문화의 만남》(공저, 2008), 《중세 동서 시가의 만남》(공저, 2009), 《고려속요의 전승과 확산》(2013), 《고전시가여행》(공저, 2016), 《한국고전문학작품론》(공저, 2018), 《어촌 심언광의 문학과 사상》(공저, 2018), 《생각하며 읽는 한국고전시가》(2018), 《한국고전문학과정치》(2021) 등이 있고, 번역 · 자료서로 《악장가사 주해》(2004), 《교주 조선가요 집성》(2008), 《개정판 고려속요 집성》(2008), 《악장가사》(2011), 《시용향악보》(2011, 문화관광부 우수학술도서), 《악학궤범》

(2013), 《신증고려속요집성》(2017), 《덕온공주가의 한글 2》(공저, 2020), 《주해 신정가보》(2021), 《증참의공적소시가》(2024) 등이 있다.

원서발췌 악장가사

지은이 미상
옮긴이 김명준
펴낸이 박영률

초판 1쇄 펴낸날 2011년 9월 26일
개정1판 1쇄 펴낸날 2025년 8월 25일

커뮤니케이션북스(주)
출판등록 제313-2007-000166호(2007년 8월 17일)
02880 서울시 성북구 성북로 5-11
전화 (02) 7474 001, 팩스 (02) 736 5047
commbooks@commbooks.com
www.commbooks.com

지만지한국문학은
커뮤니케이션북스(주)의 한국 문학 출판 브랜드입니다.

ISBN 979-11-430-1023-0 03810

책값은 뒤표지에 있습니다.